'Le meilleur livre de semi-fiction que j'aie jamais lu. Un écrivain hors pair!'
... un étranger rémunéré.

'Y'a pas assez d'images!'
... ma filleule de 6 ans.

'Je pensais que c'était un livre de puzzles Sudoku... vous imaginez ma déception.'
... mon livreur de pizza qui a acheté le livre sous pression.

'Pas encore lu.'
... un critique littéraire professionnel.

'J'espère que monsieur Gosselin va écrire d'autres romans dans un futur rapproché. Quel talent!'
... le même étranger rémunéré une deuxième fois.

'Comment ça y'a un bonhomme sourire su'a face du kid?'
... le déneigeur de mon voisin.

'C'est des recettes pour diabétiques c't'affaire là?'
... une grosse madame qui passait devant chez nous.

Erik Gosselin

Un Gros ça sourit toujours

(chroniques d'une drôle de jeunesse)

Mise en page : Francis Gosselin (francisgosselin.ca)
Design de la couverture : Erik Gosselin
Conseillère à l'édition : Edwina Voda
Imprimé aux États-Unis par Ingram-Spark

ISBN (version papier couverture souple) 978-1-7751465-0-6
ISBN (version papier couverture rigide) 978-1-7751465-1-3
ISBN (version virtuelle) 978-1-7751465-2-0

Publié par Lifemaker FX
5105 rue Viger
Saint-Hubert (Québec)
Canada J3Y 8Y9
(450-647-6466)

www.erikgosselin.rocks
www.lifemakerfx.com

Ce livre est dédié à Edwina, Manon, Karl et Francis.
Pour toutes sortes de raisons aussi différentes qu'importantes.

Il est aussi dédié à tous ceux qui m'ont aidé ou nui quotidiennement depuis plus de 50 ans pour finalement aboutir à la personne que je suis aujourd'hui.

Tout ce qui ne nous tue pas nous rend plus forts, semble-t-il.

Un gros bloc-notes barbouillé comme confident

'Un Gros Ça Sourit Toujours' est un roman semi-autobiographique qui raconte un cheminement qui m'a fait passer de jeune orphelin riche, par une adolescence d'assisté social, pour finir avec une fructueuse carrière en cinéma.

Simplement, c'est un ramassis de souvenirs plus ou moins précis d'évènements qui m'ont formé en ce que je suis aujourd'hui. Le bon et le mauvais. Mon récit, ou plutôt celui de mon personnage Derek Vauquelin survole un procès pour négligence criminelle ayant causé la mort, une nanny nymphomane, des voyages luxueux entrecoupés de gênantes visites à l'*Armée du Salut,* des expérimentations chimiques pour fabriquer des explosifs 'maison', des pensionnats catholiques, des pères adoptifs à succession, le suicide d'une amie, une série à la télé communautaire… tout y passe sans retenue.

J'ai changé tous les noms pour respecter l'anonymat de certaines personnes, 'déménagé' les souvenirs de villes et amalgamé deux ou trois 'acteurs' en un seul nouveau personnage, malgré tout cela, certains concernés se reconnaîtront par leurs actions ou leurs paroles.

Je dis Merci ! ou Désolé ! aux intervenants de mon développement dépendant du contexte.

Bienvenue dans la tête du petit Derek, qui était souvent avec moi, main dans la main. Triste et drôle.

Erik Gosselin.

Portier au salon mortuaire

Ma mère était une surdouée à l'école. Elle avait une facilité avec les mathématiques et les langues et n'avait pas encore de carrière quand elle a rencontré mon père. C'était donc naturel qu'elle devienne secrétaire / teneuse de livres pour les entreprises de son mari en bonne *femme supporter*. Édifice à logements, achat et revente de vieilles automobiles, plomberie, station d'essence indépendante (le *'Garage Bar'*) ; les projets et le travail ne manquaient pas. Tout ceci ne laissait pas de place pour être parents, mes parents, quand j'arrive en octobre 1964.

Mon père s'exténuait 27 heures par jour et se nourrissait presque uniquement de *Pepsi* - à coup de deux litres - et parfois, de poulet de chez *Ti-Coq BBQ*. Inutile de dire qu'il ne dormait pas assez et ne s'occupait absolument pas de sa santé. J'imagine que ce train de vie a grandement contribué au fait qu'il fasse osciller la balance aux alentours de 380 livres et lui causant des problèmes médicaux sérieux malgré son jeune âge.

Les discussions qui ont emmené mon père vers une lente et pénible mort ont débuté par un simple rot, puis un autre. En fait, il avait des douleurs à l'estomac et des rots à répétition depuis plusieurs semaines qui le poussèrent à visiter plusieurs spécialistes de Québec à Montréal, sans résultats. Je venais d'avoir 4 ans.

C'est cette mauvaise santé et les conseils de ma mère *ésotérique* qui l'ont conduit dans une clinique de naturopathie pour un jeûne prolongé. Ils avaient tous les deux décidé qu'il devait perdre 100 livres rapidement et, par la même occasion, régler son problème récurrent.

Mon père était un impatient, fonceur de nature et ma mère était dans une grossesse avancée, enceinte de mon futur jeune frère Stéphane.

Histoire de ne pas ralentir le momentum des *Entreprises Vauquelin*, il fallait que ça aille vite… et ça l'a tué.

Mon père meurt après 40 jours de jeûne dans la clinique de médecine 'naturelle' dirigée par un gars avec de faux diplômes.

Évidemment, habitué à ne pas voir mon père parce qu'il travaillait trop, je ne m'en suis même pas rendu compte.

Cette spectaculaire nouvelle dans un petit village comme Trois-Pistoles cause tout un émoi. Un procès monstre et très médiatisé a suivi. Certains détails de l'affaire seront d'ailleurs repris par un représentant municipal à la *Chambre des Communes* quelques années plus tard pour illustrer les dangers de la naturopathie.

Accusé de négligence criminelle ayant causé la mort, le 'docteur' aura quelques semaines en cours pour exposer sa défense. Ma mère assistera aux audiences quotidiennement. Plusieurs des journaux locaux montraient les deux, accusé et veuve éplorée, sortant ou entrant du *Palais de Justice* en page 1, ou en croquis amateurs en pleins témoignages, en page 2.

Le cirque était en ville. Le tourbillon médiatique autour du procès et le fait que ma mère continuait de défendre la naturopathie pendant les procédures étaient du bonbon pour les potins du village. Moi, j'étais heureux dans mon petit monde de jouets et de gardiennes, complètement isolé de tout ça.

Tout ceci a causé une séparation de la famille de mon père en deux clans. En 1970, dans mon village, c'était les *'pour Mme Vauquelin'* et les *'contre Mme Vauquelin'*, avec moi entre les deux. Tout ce qui manquait c'était des *t-shirts* affichant leurs couleurs respectives!

Il avait plusieurs frères et soeurs, qui se partageaient entre les deux factions comme le restant des Pistolois. En fait, au beau milieu de tout ce cirque, j'étais un petit gars laissé seul, tout l'monde trop occupé à faire autre chose. En plus, il y avait un nouveau bébé dans la maison, Stéphane.

La succession du *workaholic* retombe sur les épaules de ma mère du jour au lendemain. Sûrement pas une situation qui allait aider à la rapprocher de ses enfants. Elle aura maintenant un empire à gérer sans son mari comme capitaine.

Quand on m'a emmené au salon mortuaire, un vieil édifice sombre rempli de meubles de bois ou recouverts de velours rouge écarlate, je jouais à la cachette avec les quelques autres enfants présents, allant même jusqu'à utiliser le cercueil pour me dissimuler. Ça m'avait valu un avertissement poli la première fois, moins poli la deuxième.

Éventuellement, un peu tanné de la senteur envahissante des dizaines d'immenses bouquets de fleurs, je suis devenu portier du salon pour tous les visiteurs qui entraient et sortaient en masse. Je ne comprenais pas pourquoi la plupart des gens avaient l'air tristes en me voyant, joyeux, ouvrant la porte comme un professionnel.

La beauté de l'inconscience.

Mon frère venait d'avoir 2 mois. Je ne sais trop quel génie a eu l'idée de faire baptiser Stéphane au salon mortuaire lors de l'exposition du corps de mon père, devant le cercueil, mais c'est exactement ce qui a été fait.

Je n'ai pas de souvenirs précis d'avoir touché le corps embaumé vêtu de son plus chic veston lors de mes visites au salon ou même de l'avoir poussé pour essayer de le réveiller. Mais chaque fois que je vois un film d'horreur où un enfant est forcé d'embrasser un cadavre dans un cercueil, je ne peux m'empêcher de me poser la question. Dans ces histoires les enfants deviennent toujours des tueurs sanguinaires ou des mésadaptés sociaux!

En plus d'être occupée avec les *Entreprises Vauquelin*, ma mère se disait elle-même ***'… pas maternelle pour deux piasses'***. Dans les deux cas, c'était tout comme demander à une tortue de grimper à un arbre : pas les bons outils pour accomplir la tâche.

Elle répétait sans cesse ***'… qu'elle ne connaissait rien à rien'*** en ce qui concerne les tâches ménagères, gérer de l'argent ou élever des enfants, raison pour laquelle ma grand-mère maternelle et mes tantes paternelles m'ont élevé durant cette période. Heureusement pour elles, mis à part les nombreux avertissements de ***'… ne pas manger les mégots de cigarettes par terre'***, j'étais un enfant facile à surveiller.

Même dans les années pré-décès, je ne me souviens pas d'avoir été touché par ma mère que ce soit être dans ses bras ou me faire tenir par la main… rien. En fait je suis certain qu'elle ne m'a jamais donné d'accolade ou de baiser quelconque, jamais dit *'je t'aime'* non plus. Je m'en souviendrais.

Je ne suis pas sûr qu'elle avait lu le manuel d'instructions de toute façon. On ne peut tout simplement pas tirer du lait d'une roche, peu importe le moyen employé. Une main dans les cheveux, une tape dans l'dos, un *high five* amical ? Non.

Le contact le plus près que j'ai en mémoire a été de me faire mettre de l'alcool à friction sur la poitrine alors que j'avais une fièvre élevée (avec une guenille, pas à main nue) et aussi quand elle me soufflait de la fumée de cigarette dans les oreilles pour aider mon infection / otite. Deux occasions de touchés désagréables s'il en est.

Ce dernier truc contre les maux d'oreilles, sûrement un précurseur de sa croyance aveugle dans les médecines naturelles qui avait été instrumentale dans la mort de mon père.

Ce manque de contacts mère-fils avant mon adolescence, couplé avec une frustration grandissante due au rejet de celle-ci ont rendu au fil des années des contacts physiques entre nous impossibles, me donnant même des élans de *dégoût* quand je sentais qu'une situation pourrait s'y prêter tels un party de famille ou un anniversaire. Je m'arrangeais toujours pour aller aux toilettes pour éviter l'accolade de mise et j'étais assurément à l'antipode d'elle sur les photos de groupe. J'étais beaucoup trop jeune pour m'abstenir par choix conscient, et donc, j'ai appris à me sauver devant les conflits émotionnels pour le reste de mon enfance.

Un touché aurait littéralement pu me faire vomir. C'est triste à dire. C'est difficile à écrire… mais c'est ça.

La mort de mon père n'allait rien changer à cette situation et j'ai continué de passer beaucoup de temps chez la belle-famille et même chez les voisins.

Bizarrement, avec du recul - un long et mature recul - je suis soulagé de l'avoir perdu si jeune parce qu'émotivement ça aurait été cent fois pire à l'adolescence ou même plus vieux. ***'Heureux les creux!'*** disait ma mère en parlant de la religion ou de la politique, mais ça s'applique aussi aux chocs émotifs comme la disparition d'un parent.

Heureux les creux.
Moins on est conscient, mieux on se porte.

J'ai été élevé par des femmes et constamment entouré par celles-ci, alors naturellement, j'ai toujours été à la recherche de mentors masculins. Depuis ma naissance je cherchais désespérément un modèle paternel de courage, force, humour et travail. Un guide. Ce vide *mâle* m'a rendu extrêmement triste, mais a aussi fait de moi un homme *spécial*, ou du moins rare, dans le bon sens du terme. D'après moi…

Étant donné que j'ai les qualités de mes défauts, je ne suis pas sûr que je changerais quelque chose aujourd'hui. Un macho sensible ? Un guerrier attentionné ? Quand la testostérone se mélange à fond à l'oestrogène, ça donne… moi.

Longtemps après le décès de son mari, ma mère continuait de m'emmener voir des guérisseurs, des *ramancheurs*, des *chiros* et des imposeurs de mains sans aucune amélioration. J'aurais pu visiter une tireuse de cartes avec les mêmes résultats.

À mon insistance, ma mère m'a prêté les transcrits du procès il y a quelques années. Quand j'ai finalement décidé de lire les 3000 pages des 11 volumes dactylographiés, j'ai eu tout un choc. En plus, j'ai eu droit à d'innombrables coupures de journaux jaunies de l'époque couvrant l'histoire en détail du point de vue des journalistes et de la population.

Difficile de digérer toutes ces pages de dépositions de témoins démontrant l'un après l'autre la souffrance de mon père dans sa très lente descente vers la mort, et l'indifférence de certains intervenants. Plusieurs phrases clés des transcrits sont brûlées dans mon conscient, phrases et mots qui déclenchent encore en moi des réactions très viscérales.

Le naturopathe paniqué à son patient semi-conscient pour l'aider à débloquer sa vessie :

'Envoye, crosse-toi Vauquelin !... crosse-toi !...'

Un des employés de la clinique au juge :

'Monsieur Vauquelin disait qu'il ne voyait plus rien depuis plusieurs jours déjà... il souffrait beaucoup.'

Mon grand-père au juge :

'Claude me parlait du début de la saison de baseball et du classement des Aigles en plein milieu de la saison de hockey.'

Le médecin légiste au jury :

'Ses organes avaient commencé à s'auto digérer depuis plusieurs jours déjà...'

Autant de commentaires qui ont renforcé la totale incompréhension que j'ai développée envers le raisonnement et les actions de ma mère au fil des décennies. Je n'aurais jamais dû lire le procès-verbal.

Heureux les creux.

Le seul souvenir que j'ai de mon père, le seul et unique souvenir en quatre ans, est une visite dans le sous-sol d'inspiration *Kon Tiki* sur lequel il travaillait au moment de sa mort. Il y avait déjà des chaises faites de gros billots découpés à la scie à chaîne, des faces indigènes apeurantes en écorce sur les murs.

C'était beau, c'était boisé, c'était brun par contre. Une future *man-cave* obscure et poussiéreuse. Jamais complétée, jamais utilisée.

La seule photo de mon père et de moi qui existe, toujours en quatre ans, est très significative et décrit bien la situation. Je suis couché sur son ventre dans notre salon et nous sommes tous les deux endormis. Lui, exténué, sur le dos avec un bras pendant qui touche le sol ; moi, heureux, utilisant sa *bedaine* comme lit.

Une seule photo.

C'est extrêmement triste qu'il soit décédé au tendre âge de 33 ans, mais serais-je le même homme aujourd'hui, avec les deux mêmes épouses extraordinaires chacune à leur façon ? Aurais-je un fils que j'adore et le même métier de fou s'il avait été présent pendant ma jeunesse ?

Sûrement pas… tout un dilemme moral.

COMMENT ON DIT ÇA *CLUELESS* EN FRANÇAIS ?

Un peu plus d'un an suivant le décès de mon père, je passe une partie de l'été dans un petit chalet de Repentigny supposément pour profiter du plein air. En fait, à mon insu évidemment, ma mère avait un gros ventre et se cachait de la belle-famille, enceinte de huit mois. Un refuge dans une petite communauté au bord d'un lac, loin des regards indiscrets.

Une grossesse si proche de la mort tragique de son mari qui aurait pu déranger certaines personnes du clan des *'contre Mme Vauquelin'* ou faire passer des *'pour Mme Vauquelin'* à l'autre clan.

Moi, j'étais heureux comme un pape, ayant accès à une piscine, des vélos, une chaloupe et même un *capitaine* privé... le Capitaine Phaneuf. Son titre n'était dû qu'à sa vieille casquette, mais à 5 ans, on s'en fout. Un capitaine c'est un capitaine. Surtout qu'il fut le premier de ma quête incessante - et toujours infructueuse à 51 ans malgré la grande quantité de *C.V.* en filière virtuelle - de me trouver un nouveau père adoptif tout au moins émotionnellement.

Il était une présence paternelle bienvenue durant ce long séjour et il m'a appris à nager, plonger, tirer du *sling shot*, et pêcher. Pendant ce temps, ma mère allait accoucher dans un hôpital de Montréal, toujours dans le plus grand secret.

Le Capitaine, malgré mon jeune âge, me donnait aussi des conseils ***'... pour tes futures histoires de filles, ti-gars.'***, au cas où. D'un autre côté j'étais *dumpé* par ma mère chez un étranger.

Je suis convaincu que si mon ventre avait la grosseur de celui d'une femme enceinte de huit mois et que le changement s'était opéré en quelques semaines, mon jeune fils m'en aurait parlé.

Des questionnements comme ***'... papa, pourquoi t'as une grosse bédaine tout d'un coup?'***

Et si j'avais perdu quarante livres en une semaine, pendant un voyage de six jours dans une autre ville, ça aussi mon fils m'en aurait parlé. Mais moi à ce moment-là, je n'avais rien vu d'anormal. Quand je mentionnais *vivre dans ma bulle* ou être inconscient de ce qui se passait autour de moi, j'étais sérieux. Trop occupé à apprendre les choses de la vie avec le Capitaine.

Complètement *clueless*.

Tout de suite après l'accouchement, ma mère a confié son bébé, une petite fille, à une famille adoptive temporaire, des étrangers qui l'hébergeaient en pension illégale, payée au *noir*. L'idée était de laisser la poussière retomber avant de la rapatrier avec ses deux autres enfants. Quand on la visitait dans sa nouvelle demeure quelques fois par année, c'était à titre de 'rencontre entre amies d'enfance' (ma mère et la 'gardienne'). Je ne me suis jamais douté que France faisait partie de ma famille directe. Une situation qui durera plus de six ans pour ma demie-soeur, jusqu'à la bataille judiciaire remportée éventuellement par ma mère pour la reprendre.

Un vrai roman-savon qui culminera avec une délégation composée d'un huissier, un avocat, ma mère et des policiers allant récupérer France, jugement de la cour en main.

À l'arrivée de l'automne, nous partons du chalet de Repentigny pour aller habiter dans un appartement de Trois-Pistoles. Tout un changement de décor en comparaison du lac et de sa verdure environnante ; pas de piscine, pas de lac, pas d'arbres, pas de capitaine.

Qu'était-il arrivé à notre grande maison avec le sous-sol en bar *Kon Tiki* ? Aucune idée.

Probablement la même chose qu'au reste de l'héritage. Évaporé en seulement trois ans.

Le logement où je me suis retrouvé a été le théâtre d'une situation qui m'a marquée et c'est aussi mon seul souvenir de cette période.

L'épisode pyromaniaque!

Mon esprit scientifique commençait déjà à se réveiller et le feu fut ma première fascination technique. Spectaculaire, dangereux, mais magique.

Un soir tranquille de l'automne de mes 5 ans je me suis procuré un paquet d'allumettes en bois dans la sacoche de ma mère. Je me suis caché dans le garde-robe de sa chambre à coucher juste sous les robes et les blouses vaporeuses, pour expérimenter. Me sentant en sécurité dans un refuge sombre et silencieux je me suis mis à les gratter, les unes après les autres. La senteur était extraordinaire et j'ai tellement gratté d'allumettes que ma mère m'a soit entendu soit senti le soufre, ou les deux. De toute façon, le résultat fut le même.

J'ai eu droit à une crise monstre qui mena à ma première excursion dans le territoire des décisions de vie complexes. Soit dix coups de brosse à cheveux sur les fesses, sans pantalon (la grosse au manche rose avec les dents en métal) ou bien une heure à genoux dans le coin du corridor.

Être à genoux m'a semblé la meilleure option. Me faire frapper par ma mère avec la brosse aurait fait trop mal, plus mentalement que physiquement. Le rejet, je pouvais survivre avec momentanément, mais pas l'abus physique.

Récemment, je lui en ai reparlé. Elle nie mes souvenirs, maintenant sa version, ***'... 24 heures dans ta chambre au pain et à l'eau'***.

La mémoire sélective à l'oeuvre.

De riche Pistolois à pauvre Longueuillois

Après une année à l'appartement de Trois-Pistoles, ma mère décide de quitter le *village* et déménager dans la *grande ville*, Montréal, histoire d'ouvrir mon horizon sur le monde et ne pas me limiter dans la vie. Je pense plutôt qu'elle voulait pouvoir étendre ses horizons, loin des regards de la famille de mon père.

Montréal était très cosmopolite et multiculturelle, mais surtout bilingue, un point important pour ma mère qui disait que de pouvoir parler anglais simplifiait beaucoup la vie à un voyageur ou à un entrepreneur. Elle avait raison et c'est une des choses pour laquelle je lui suis reconnaissant aujourd'hui. Aussi loin que je me souvienne, elle répétait que génétiquement, j'étais un ***'… homme d'affaires qui sait comment faire de l'argent… comme ton père.'***.

En fait je dis Montréal, mais c'était plus précisément la Rive-Sud de l'île. Un logement de Longueuil, dans un *bloc* de briques rouges, entouré de nombreux autres *blocs* de briques rouges, tous entourés de touffes de gazon jaunâtre. Chacun de ces bâtiments avait seize logements, majoritairement habités par des familles monoparentales et / ou d'assistés sociaux.

L'intérieur du nôtre avait été décoré par ma mère avec son style habituel, *éclectique-et-n'importe-quoi-tant-que-c'est-coloré-fluo-ou-faux-fini*. Il y avait un peu d'antiquités merveilleuses, du velours, du plaqué chrome, des abat-jours de plastique *origami*, une statue de femme nue, des miroirs coupés en forme de briques sur le garde-robe. Un hommage à l'excentricité et au mauvais goût. Moi j'aimais bien.

Durant les premières années après-décès et avant l'effondrement final de l'empire commercial Vauquelin, nous faisons des aller-retour aux deux semaines à Trois-Pistoles. Il faut que quelqu'un continue de gérer ce qui reste de la succession . À chaque fois, je mange du poulet *BBQ* dans le minuscule bureau dégarni et sale à l'arrière du *Garage Bar*, toujours rempli de paperasse.

D'un point de vue émotif, tout ce que je recevais de ma mère était de la nourriture. Nourriture = Amour. Refuser de la nourriture = refuser de l'amour maternel. Pure logique. Ça m'aura pris plus de quarante ans avant de rajuster l'équation.

C'est d'ailleurs lors de ses visites que je développe mon amour inconditionnel des cuisses bien rôties, mais aussi de manger pour passer le temps. La nourriture comme compagnon et confident pendant les longs samedis au *Garage*.

Pendant que d'autres personnes s'occupent des *Entreprises Vauquelin* et de Stéphane, encore bébé, ma mère rencontre plusieurs prétendants avec qui je ferai des voyages de rêves pour un adulte, mais assez ennuyants pour moi, ayant comme consigne de ***'... ne pas déranger... rester le corps raide, les oreilles molles...'***. Par contre, pire que l'ennui était le sentiment d'être de trop, du nouveau pour moi. Être ignoré, et être de trop, c'est différent.

Aux Bahamas je me souviens d'un groupe musical jamaïcain de *steel drums* qui était venu faire la fête dans notre chambre d'hôtel alors que je devais théoriquement dormir dans la pièce connexe et ne pas faire de bruit. Il y avait aussi un gros et grand monsieur qui avait emmené ma mère et moi dans un chic restaurant dans sa *Cadillac* blanche aux vitres teintées le lendemain, et une des soirées où une femme de ménage m'avait pris en charge pendant qu'elle était partie 'ailleurs'.

'S'il y a quelque chose d'important, viens me chercher au bar du rez-de-chaussée... c'est écrit Lobby sur le bouton de l'ascenseur.' et elle disparaissait.

Un peu après les Bahamas je me suis ramassé à *Walt Disney World* avec une autre conquête de ma mère comme compagnon de voyage, Roger. Un rembourreur à moustache porno qui avait décoré son bureau de travail avec des seins et des fesses de femmes sculptés dans de la mousse à divan. Encore là, j'ai souvent pu étudier les quatre murs de la chambre à coucher une fois le soir arrivé. Je dois admettre que notre descente dans le défunt sous-marin *'Nautilus'* de la spectaculaire attraction *'Vingt mille lieues sous les mers'* avec ses poissons et plongeurs mécanisés est un moment fort de ma jeune vie de scientifique. Il est remplacé aujourd'hui par le site de photos avec Ariel la sirène.

Le gérant que ma mère avait embauché l'année d'avant pour l'aider avec la station d'essence et lui permettre ces voyages n'était pas très *ménage* ni *organisation*, en plus, elle devait faire le travail de comptabilité du gars. C'est ce même employé qui a causé la faillite du garage après que trop d'argent ait mystérieusement disparu. Ce sera le premier de multiples hommes à abuser de son compte de banque, impunément.

**Après quelques années de folles dépenses,
les visites aux vendeurs de surplus de pains
et gâteaux rassis contrastent beaucoup
avec les vacances exotiques.**

Des hauts et des bas financiers que je ne comprenais pas ; que je ne comprends toujours pas vraiment aujourd'hui non plus. Une fois tout l'argent de ma mère disparu, elle se met à rencontrer des hommes plus vieux, hommes d'affaires en recherche de jeunes femmes *disponibles* ; toute une différence en comparaison des jeunes hommes sans-l'sou du temps où elle avait un compte bancaire bien garni. Ce sont ces rencontres et leurs dynamiques particulières qui ont formé mon premier portrait d'un *vrai* homme ainsi que d'un *vrai* couple ; pas très positif.

Rapidement, les mères monoparentales du quartier sont devenues amies et leurs enfants ont donc formé un groupe. Quatre femmes sans attaches qui allaient à la *chasse aux hommes* (leur propre expression!) les soirs et les fins de semaine. Elles se partageaient neuf enfants, qui eux, étaient tous à la recherche de modèles paternels.

On se côtoyait tous les jours pendant et après les heures de classe. Tout un mélange, mais ce groupe de jeunes de quatre à onze ans furent ma première gang et contrairement à l'école plus tard, des personnes avec qui je ne me sentais pas trop *reject*.

C'est là que j'ai rencontré J.P., mon premier *meilleur ami*, pendant mon année passée aux *Blocs Rouges*. Il était un membre important de notre groupe exclusivement formé d'orphelins, par décès ou par divorce.

Un de nos jeux habituels était la *tag BBQ*, activité qui consistait à embrasser les filles que tu trouvais quand tu découvrais leur cachette, et vice-versa pour les garçons. Une façon innocente et plaisante pour commencer à explorer la sexualité.

Il y avait cinq belles filles dans notre gang dont Laura, mon premier coup de foudre, et comme d'habitude quand c'était à mon tour de chercher les *cachées*, je ne trouvais personne. Le plus fou est que je n'essayais pas vraiment par gêne de ce qui arriverait si j'étais le gagnant du baiser.

En plus, il y en avait une à qui il manquait un oeil, littéralement. Un problème congénital qui m'intimidait et aurait rendu un baiser encore plus inconfortable. Je sympathisais énormément avec elle, tenue à l'écart à cause d'un handicap esthétique. Sans trop savoir comment le mettre en mots, je sentais une similitude avec elle. Mon image corporelle était mon handicap. Évidemment je n'ai jamais été un pro de la *tag BBQ*; je n'ai jamais trouvé personne. Mon premier *french kiss* allait attendre encore un bon bout de temps.

Laura et moi avions eu une connexion instantanée que je pensais être de l'amour. Même avec mon cerveau d'enfant de 7 ans, je voyais l'avenir clair comme de l'eau de roche.

Sans doute qu'on se marierait et qu'elle porterait mes enfants, retournant à Trois-Pistoles pour reprendre triomphalement les rênes des *Entreprises Vauquelin*. Finalement ce n'est pas ce qui est arrivé. Ni la fille ni les *Entreprises* ne seraient miennes.

Deux autres gars de notre gang avaient aussi un oeil sur la belle Laura aux grands yeux foncés et aux cheveux châtains bouclés et je me suis vite rendu compte que cette histoire allait devenir une compétition quotidienne et non un conte de fées.

Pendant ce qui me sembla être tout un été, elle nous donnait une liste en début de semaine avec son *ordre de préférés*. Je visais toujours être le #1 (son *chum*) mais ne suis jamais monté plus haut que #2, François, mon voisin d'au-dessus, trônant en haut du classement la plupart du temps. Il était plus vieux et plus beau que moi, mais surtout plus entreprenant.

Pendant l'écriture de ce mémoire, Laura m'a confirmé que j'étais de loin son premier choix. Si j'avais su à ce moment-là que j'étais son préféré ? Ça n'aurait rien changé. Toujours selon mes souvenirs, la liste est morte le lendemain d'une partie de *tag BBQ* où François avait trouvé Laura et s'était permis de lui passer un *french* au lieu d'un bec normal. La rumeur était plus un *doigt* qu'un *french,* mais l'allégation n'a jamais été confirmée ou infirmée par les concernés.

Nous avions donc écoulé le reste de cet été-là à jouer dans le boisé derrière les *Blocs Rouges* avec nos *Gi-Joes* et les *Barbies* des filles. Le concept *Gi-Joe* de ma jeunesse incluait un plongeur de grands fonds, un archéologue et un astronaute… avec des accessoires appropriés dont le superbe sarcophage turquoise avec couvercle amovible et joyaux du pharaon en plastique! Le scientifique-aventurier en moi était content. Pas de soldats armés jusqu'aux dents ou de films d'action du même nom. Et ils avaient tous des barbes drues et courtes. Un blond, un rouquin et un noir.

Mes bricolages allaient devenir plus sérieux et dangereux, mais avant de courir il fallait apprendre à marcher. Les bombes artisanales, les étoiles *ninjas* et les arbalètes viendraient plus tard.

Un premier projet pour J.P. et moi: la construction d'instruments de musique avec nos boîtes de carton des *Gi-Joes* et *Barbies*.

Il s'était découpé une guitare et y avait installé des élastiques comme cordes, moi, la batterie où je jouais *'J'entends frapper'* de Michel Pagliaro. On en était assez fier des produits finis même s'ils sonnaient comme... du carton et des élastiques.

Quand J.P. et moi on doublait Pagliaro, je me sentais comme un dieu du rock, déhanchements et cris cacophoniques en bonus.

J'avais un microscopique espoir pendant la fabrication de la batterie que, peut-être, Laura aimerait plus un musicien, un *drummer* qu'un simple Derek bien ordinaire. Et non. Quelques jours après avoir performé une douzaine de fois la chanson du rocker québécois, accompagné du *'33-tours'* de vinyle qui tournait sur l'*Ovni* chromé de ma mère, les instruments se retrouvent aux poubelles. Le possible vedettariat musical est vite redevenu l' anonymat concret. Je devrais continuer à recevoir de l'attention positive des adultes en sortant du rang avec de bonnes notes.

Dès le début de l'année scolaire, je prends une drôle de décision. Pas sûr pour quelle raison, mais je manque une journée d'école. Surtout en tant que *chouchou* des professeurs, ce fut difficile, mais j'ai pris mon courage à deux mains et ne me suis pas présenté un beau matin de la deuxième semaine. J'ai *foxé*, pour la première fois, dans un buisson du parc près de chez moi. Un buisson inconfortable, mais combien approprié pour faire l'école *buissonnière*!

Pendant mon escapade, j'étais extrêmement nerveux et convaincu que toute la police de Longueuil ratissait la ville de long en large pour me mettre les menottes aux poings et me ramener à l'école en criminel endurcit. Tous les bruits me faisaient sursauter. Quand j'ai eu trop faim, je suis retourné à la maison et ai écouté la télé en attendant l'arrivée de ma mère pour souper. Du *fast-food*, toujours et encore. Elle n'a jamais su que j'avais manqué l'école et je n'ai eu qu'à imiter sa signature deux jours plus tard pour clore la situation avec mon prof.

Peut-être pourrais-je devenir un super criminel après tout, avec un crime parfait comme celui-là dans mon *C.V.*? Pour couronner la fin d'été et le début d'automne, je fais partie d'un stratagème de blanchiment d'argent bien malgré moi. La criminalité prenait du momentum.

J.P. et moi, allions à la chasse aux araignées dans les grands champs longueuillois quand il faisait soleil, et aux petits *vers d'asphalte* quand il pleuvait. On parlait surtout des filles et de nos rêves de futurs espions pendant ces longues heures, marchant quelques kilomètres dans les terrains et rues avoisinantes.

Il était devenu incroyablement chanceux à trouver des 5 $, des 10 $ et même des 20 $ par terre par-ci par-là, quand il était en ma présence.

Une douzaine de fois en quelques semaines seulement, il s'était écrié d'un peu plus loin derrière moi, ***'Hey Derek! t'as passé par-dessus un 10 $ qui traînait juste là.'*** en le ramassant. N'étant pas aussi chanceux que lui, je me suis mis à être envieux de ses achats de *trucs-et-attrapes* populaires au dépanneur du coin : vomis-en-plastique et gomme-au-paprika. Ça me prenait plusieurs vols de 25 cents dans la sacoche de ma mère pour pouvoir moindrement suivre ses folles dépenses. Quand même frustrant en comparaison des gros billets de J.P. Même la simple poudre-à-gratter à 70 cents me demandait trois larcins séparés !

C'est seulement beaucoup plus tard, voir une décennie, que j'ai compris que mon ami chanceux voulait avoir de l'argent *propre* et pour ça il lui fallait un témoin, moi. Il n'avait qu'à lancer les billets dans mon dos et me faire remarquer que j'aurais pu le trouver si seulement je n'avais pas été aussi distrait! Je dois admettre que c'est un très bon plan. *'Blanchiment d'argent 101'* pour trois crédits collégiaux. Je n'étais pas si malchanceux; J.P. pas si honnête. Ma journée d'école buissonnière ne m'avait visiblement pas assez endurci en tant que criminel pour avoir ces idées.

Je n'ai pas réussi à le retrouver pour l'écriture de ce mémoire, mais avec ses succès de jeunesse, peut-être fait-il encore du blanchiment d'argent pour une organisation criminelle réputée.

Je ne sais pas quand et pourquoi l'argent rentrait ou non dans le compte de banque de ma mère, mais c'était très inégal.

Depuis la mort de mon père, il me semblait qu'elle recevait de gros montants de temps à autre, des interludes de richesse qui venaient entrecouper le mode de vie *BS* habituel. J'imagine que la vente des possessions et entreprises de mon père une à une et / ou les chèques des diverses assurances-vie faisaient en sorte qu'on avait ces entrées d'argent sporadiques.

En moments pauvres, magasinage de linge au sous-sol de l'Église (précurseur du *Village des Valeurs*), *Kraft Dinner* et saucisses bouillies tous les soirs. De temps en temps on avait droit à des sorties *Harveys*, *PFK* ou buffets chinois.

Lors de moments riches, évidemment quelques voyages, mais aussi ma cuisinière haïtienne, grosse madame souriante, qui m'avait introduit entre autres au crabe, au plantain frit et au riz créole en plus de me montrer quelques mots de sa langue natale. Langue poétique et relativement facile pour un francophone. Pied bois = tronc d'arbre. De toute beauté. Très particulier d'avoir une cuisinière personnelle, mais comme pour bien d'autres bonnes choses de ma jeunesse, ce fut intense mais très court.

Une fois rendu à Longueuil, les tantes et les amis de Trois-Pistoles ne pouvaient plus me servir de maisons d'accueil de temps en temps. Gros problème pour ma mère, qui s'empressa de me trouver une *nanny* privée. Rien de moins. Je rencontre celle qui aura la tâche de s'occuper de moi à temps plein par un beau samedi d'automne à l'île Sainte-Hélène, endroit fixé par ma mère. Quand Jacynthe arriva à la table de pique-nique désignée, j'étais à sauter à pieds joints dans les énormes tas de feuilles multicolores que les employés municipaux avaient empilées plus haut que moi. Elle était belle, avec de longs cheveux. De toute façon, belle ou non, quelqu'un qui me donnerait de l'attention 24/7 ce serait le paradis.

Ma première constatation en revenant à la maison, purement mathématique et comparative, fut qu'elle avait les mêmes proportions que la statue de Vénus en marbre dans le salon. 38-22-38, à peu près, pour utiliser aujourd'hui un système de chiffres que je ne connaissais pas encore à 7 ans. Deux décennies plus tard, j'ai appris qu'elle était aussi danseuse exotique à temps partiel… ça ne m'a pas vraiment surpris puisque c'est à elle que je dois mon éducation sexuelle précoce.

Jacynthe m'a donc initié aux choses de base de l'amour comme le fonctionnement d'un pénis (même mini-minuscule), les mamelons des femmes, la lingerie érotique et les vagins. Pas de patentes trop *heavy* ni de *Kamasutra*, mais je peux admettre que j'ai écarquillé les yeux souvent quand même pendant ces trois semaines intenses.

Ça a commencé doucement avec quelques jours de bains innocents avec de plus en plus d'insistance sur le nettoyage des parties génitales. Puis nous avons eu quelques discussions sur le fait que les *Gi-Joes* et les *Barbies* avaient le même entre-jambes, mais que la vraie vie n'était pas comme ça. ***'Il n'y a pas que la barbe qui différencie les hommes des femmes Derek. Je suis différente de toi sous mes vêtements.'*** Puis elle s'est mise à me poser des questions au travers de sa lecture d'histoires pour m'endormir. Des questions du genre ***'… elle est belle la princesse, mais c'est difficile à juger vraiment avec cette grosse robe. Tu ne penses pas Derek ?'*** ou encore ***'… est-ce que tu sais ce que le héros et son amoureuse vont faire ensemble la nuit parce qu'ils s'aiment beaucoup ?'***. Au secours !

La troisième semaine est devenue plus intense et Jacynthe a commencé à retirer son linge innocemment pour m'expliquer le *pourquoi-du-quoi* des parties féminines en m'offrant de la toucher ici et là, scientifiquement. ***'N'aie pas peur, c'est naturel entre un homme et une femme d'avoir des attirances et des réactions physiques. Tu me trouves belle ? Autant que la princesse ?'***. Re-au secours !!

Elle a aussi commencé à me remettre des *Polaroids* très explicites de parties de son corps ***'… pour t'aider à faire de beaux rêves !'***. Nous avons décidé de la cachette pour les photos ensemble, la poche avant d'un toutou-peluche kangourou qui était sous la pile des autres. ***'Ce sera notre secret, ne le dis à personne'***. J'ai perdu toutes ces photos lors du déménagement quelques mois plus tard. Le kangourou ne s'étant jamais rendu à la nouvelle maison.

Toute l'histoire d'initiation sexuelle par ma *nanny* aurait pu remplir un livre en soi… disons que je n'avais plus besoin des abeilles et des fleurs pour comprendre.

Je devrais probablement te remercier Jacynthe, en rétrospective.

Je n'avais pu mettre un terme exact sur le sentiment de pression et malaise que j'avais de temps en temps dans des situations spécifiques avec ma mère, mais mes amis eux le voyaient clairement.

Elle m'a souvent rappelé au fil des années d'école primaire qu'elle avait hâte que je sois ***'... un homme d'affaires riche comme ton père.'***. Ça fait beaucoup de pression pour un p'tit gars qui apprend la grammaire de base et compte sur ses doigts. À cet âge, j'avais d'autres priorités que de penser à être le support émotif, moral et financier de ma mère. C'est un peu jeune pour être l'homme de la maison.

Récemment, quelques-uns de mes amis du temps m'ont tous dit la même chose, à ma grande surprise : ***'... ta mère était hautement critique et mettait une pression malsaine sur toi !'*** Quoi ? Mon entourage immédiat voyait ça ?

Au primaire j'étais déjà un premier de classe avec des notes dans les 90 % et plus. Au lieu de me féliciter, elle voulait savoir ***'Pourquoi t'as pas eu 100 % ? T' aurais dû te forcer !'***

Je ne me souviens pas si c'était une décision personnelle ou une demande de ma mère, mais je m'occupais régulièrement de faire la vaisselle ou le ménage en revenant de l'école dans une maison déserte.

Quand ma mère rentrait d'une longue journée de travail, je n'avais de commentaires que sur ce qui n'était pas fait et non des félicitations sur les tâches accomplies. Je suis convaincu que cette attitude de toujours-faire-mieux m'a rendu assoiffé de trophées tout en étant un éternel insatisfait, dépressif en plus.

Une fois adulte j'ai essayé de mettre les questions de critiques et pressions sur le tapis lors d'une rare rencontre avec ma mère et je n'ai eu droit qu'à une recette de tarte. Consciemment ou non, elle a refusé de même acquiescer l'existence du sujet.

Poser la question c'est y répondre.

Visiblement, la passivité d'attendre de possiblement monter sur la liste des favoris de Laura selon son humeur du moment, ne portait pas fruit.

Je lui ai parlé récemment et elle ne se souvient même pas de ces fameuses listes qui me faisaient tellement paniquer. C'est dire comment chaque 'scène' de vie est emmagasinée différemment par chaque acteur qui y participe. C'est quand même fou… si elle avait raison?

De toute façon, ayant échoué dans mes tentatives de la convaincre d'être ma première *blonde* officielle, je passe au plan B, terme qui deviendra pour le reste de ma vie un de mes surnoms favoris, *'Mr. Plan B'*, les autres étant *The Big Cat*, *Derekster* ou *Big Cock Derek* ce dernier étant moins applicable dans la réalité et viendra beaucoup, beaucoup plus tard. Mais ça aussi, c'est une autre histoire.

Un beau jour où j'essayais d'élaborer le fameux *Plan B*, deux jolies jeunes filles au *look* asiatique ont justement emménagé dans le *Bloc Rouge* en face du nôtre. Je me suis grandement réjoui de l'arrivée de ces nouvelles aspirantes si jolies et de mon âge. En fait elles étaient deux soeurs qui arrivaient tout juste du Nord québécois en cet été de 1972, avec leur père. Pas de mère en vue.

Connie était de loin ma préférée de par son attitude positive et son humeur enjouée. Brigitte était vraiment trop mince et pas assez souriante. Ayant zéro expérience ou connaissance pour m'attraper une fille, j'ai fait des recherches, observant mes personnages favoris en pleine action à la télé et dans les films. Mes trouvailles, ajoutées aux quelques trucs du Capitaine Phaneuf que je me souvenais, devraient fonctionner.

Plan B final :

S'accoter sur le cadrage de la porte-patio, portant un veston de velours blanc aux boutons nacrés avec *'Love me tender'* de Elvis Presley qui joue sur le tourne-disque, avec un regard sensuel et un sourire désarmant. Quoi de mieux pour attraper une jolie Asiatique nouvellement arrivée dans le quartier ?

N'importe quoi d'autre, semble-t-il.

Étant tellement convaincu que Connie serait frappée de plein fouet par mon charme et tomberait en amour instantanément, j'avais même une boule disco en pleine fabrication pour le soir où l'on danserait ce premier *slow* langoureux. Il restait de la *Colle Contact* et quelques bouts de miroirs de récentes rénovations, que j'avais soigneusement cassés dans une taie d'oreiller.

J'ai mis le plan à exécution trois après-midis de suite, me dépêchant toujours après l'école pour arriver chez moi avant Connie et préparer la scène. La deuxième journée j'ai essayé plutôt *'Reunited'* de *Peaches'n'Herb*, la troisième, *'When I need you'* de Leo Sawyer…

Échec total à chaque fois. Connie ne faisait que me saluer furtivement et rentrait chez elle sans autre interaction. Pas de coup de foudre ; pas de chants d'anges. Mon sourire ou le veston aux boutons nacrés ne désarmaient pas. La boule disco ne serait jamais complétée. Un autre bricolage avec un investissement émotif qui finissait à la poubelle.

Dans mon quotidien adulte, je suis constamment à la recherche de *tapes-dans-l'dos*, une vraie *pute-à-trophées.* Dans mon métier de maquilleur, ou dans mes cours de karaté, je vise toujours les grands honneurs et quand ça ne fonctionne pas (assez souvent) ça me démolit pour des semaines.

À chaque déception, la même phrase revient dans ma tête : ***'J'aurais dû être plombier !'*** De temps en temps je la répète à haute voix en présence d'autres personnes qui croient toutes à une blague et sourient.

L'IMPERMÉ-ABILITÉ PRÉVISIBLE D'UN TOURNE-DISQUE !

Après une année passée aux *Blocs Rouges*, nous avons déménagé dans une maison… enfin. Je n'ai jamais été un fan d'appartements et la grande cour de ma jeunesse à Trois-Pistoles me manquait. Je ne reverrai plus la plupart de mes amis, dont J.P., Laura et Connie.

Ma mère trouve donc une petite maison nécessitant quand même beaucoup de rénovations, toujours en banlieue de Montréal. Avec son énorme cour et un sous-sol non fini, c'était un paradis pour un enfant de 8 ans qui adore jouer aux espions, explorer et courir. Quelques années plus tard, on allait ajouter une véranda et un deuxième étage, mais pour l'instant je me contenterais de huit pièces sur deux planchers.

Le sous-sol est vite devenu mon *laboratoire* non-fini et poussiéreux où j'ai pu faire toutes les expériences des *kits* de *Radio Shack*. *'Projets à faire chez vous, 50-en-1'* (électronique), *'Chemistry Fun with Professor Mad'* (chimie), ou encore *'Trucs de magie par la science'* (chimie et physique). Dans mes premiers essais, je suivais encore les instructions à la lettre, je me suis fabriqué entre autres une radio AM et un système d'alarme rudimentaire avec détecteur de mouvements ou encore monté un volcan miniature actif et un jardin de cristaux colorés.

Le vrai plaisir, mais aussi les problèmes, a commencé quand j'ai décidé de ne plus suivre les instructions des fabricants.

Pas sûr d'où la débrouillardise et l'esprit d'expérimentation viennent dans mon cas, mais le manque de supervision parentale (dans le sens de 'guide') doit en être un ingrédient important. La solitude fait aussi en sorte qu'on doit se divertir seul. Pas de *'200 canaux 24-heures-sur-24'* ou d'internet en 1973. De toute façon, j'avais besoin de comprendre, d'expérimenter et de créer des *patentes*!

En plus des expérimentations dans le sous-sol, je fais des bricolages divers, des centaines de dessins de bateaux de pirates échoués et d'avions en plein écrasement, tout en commençant à *flirter* avec des armes artisanales. Sans bienveillance ou protection de parents, j'avais l'impression que des armes représenteraient une défense adéquate face au monde… du moins dans ma tête.

Ces activités stimulantes m'ont vraiment transformé en accro de la science, qui fut d'ailleurs ma branche plus tard au Collège : *Sciences Pures et Appliquées*.

Heureusement, ma mère n'était pas là pour voir toutes mes gaffes et tous les dégâts causés par les expériences chimiques. Un des côtés positifs de l'invisibilité. Le premier hiver passé dans la nouvelle maison de Longueuil, j'ai eu une belle surprise. Un de mes premiers *vrais* sauvetages. Un matin en partant pour l'école, je l'avais remarqué sous le balcon, caché derrière une touffe de mauvaises herbes dépassant de la surface enneigée… une boule noire dans l'obscurité. Heureusement il a fait un petit miaulement de détresse.

Quand il est sorti, j'ai tout de suite vu qu'il avait une *drôle de face*, sans oreilles, puis quand il s'avança un peu plus, pas de queue non plus. Elles avaient sûrement gelé, séchées et tombées. Mon chat noir mutilé par l'abandon en plein hiver que j'avais nommé Flip.

Il est mort l'année suivante, mais j'ai toujours eu l'impression qu'il me ressemblait : vêtu de noir, incomplet, seul et ayant besoin de se faire sauver par quelqu'un.

Une autre activité que j'aimais bien, avant de haïr mon corps et de la délaisser complètement, était de me baigner. Histoire de ne pas me montrer en *bedaine*, les piscines publiques étaient évidemment hors de question. Trop d'yeux qui me regardaient. Quand l'impression d'imperfection corporelle rencontre l'inventeur amateur, ça donne une piscine personnelle, loin des foules. Me baigner seul dans ma cour devint donc ma préoccupation principale pour une semaine de l'été. Un projet parfait pour un créateur né.

La cour de la nouvelle maison a donc vu naître ma toute première piscine, mon plus gros projet en superficie jusqu'à ce jour. Je dis 'piscine' dans le sens 'trou avec de l'eau' et non dans le sens 'belle grande piscine neuve de chez Trevi !'

Puisque dans ma tête il n'y avait jamais de limites à ce qu'on pouvait faire si on y mettait la recherche et l'effort, j'ai réalisé les plans de mon futur trou d'eau, que j'ai mis à exécution quelques jours plus tard, lors d'une fin de semaine ensoleillée. J'ai creusé un grand trou d'environ 1 mètre carré et 30 centimètres de profond. Puis j'ai ajouté une 'toile de fond' faite de quatre sacs de poubelle raboutés ensemble en utilisant le papier collant restant de l'emballage des cadeaux du dernier Noël. Finalement j'ai rempli d'eau. Succès éphémère.

Cette aventure m'a fait découvrir cinq grands principes à ne pas oublier :

- creuser dans un sol dur avec une vieille pelle rouillée c'est très difficile.
- du papier collant sur des sacs de poubelle ça ne résiste pas à l'eau.
- les filtreurs sur les *vraies* piscines servent vraiment à quelque chose.
- 12 pouces ce n'est pas assez creux pour plonger.
- ne jamais installer une piscine sous un pommier parce que les pommes tombent 24/7 !!

En bonus, un sixième principe découvert (plus 5A que 6 en fait) :

- des pommes, ça pourrit plus rapidement dans l'eau stagnante qu'à l'air libre. On ne mangeait que 0.0003 % des fruits de l'arbre, tout le reste se ramassait éventuellement par terre et donc en partie dans mon trou d'eau.

Le projet *piscine* a été plaisant pour un total d'environ 37 minutes, avant de devenir un véritable cauchemar. J'ai réussi à noyer ma frustration ce soir-là grâce à une livre de *'baloney'* à l'ail tranché mince, au complet, nouvellement aboutit dans le réfrigérateur.

Mes ardeurs de créativité scientifique pas encore rassasiées, je me lance un nouveau défi qui incorpore l'électricité en plus de l'eau ; un mélange parfait pour un désastre, mais qui à ce moment-là me semblait génial. Fabriquer une laveuse à linge avec mon vieux tourne-disque ? Quelle bonne idée !

Je possédais un *Hitachi* portable avec caisson deux-tons qui pouvait accommoder les *'33-tours'* aussi bien que les *'45-tours'*. Le gros *kit*. Il m'avait beaucoup servi vu la grande collection de ma mère avec des Mario Lanza, Elvis *Christmas*, tous les *big bands* des années '50, Perez Prado, Perry Como... Des centaines de titres qu'aucun autre enfant n'écoutait sauf moi, garantit.

Son temps était venu d'aller au paradis des appareils audio pour se réincarner en électroménager. L'idée de base était simple : un contenant 'fermé' avec un moteur qui tourne, tout comme notre vraie laveuse à linge. Tout ce qui manquait était de l'eau et du savon.

Logique. Évident. Sans failles.

Être admiré pour mon ingéniosité se transformerait sûrement en accolades d'appréciation et en amour inconditionnel.

En 1975 je ne pensais pas à grand-chose d'autre que de devenir célèbre et aussi à Linda Carter / *Wonder Woman* qui m'avait déjà fait passer de belles nuits cette année-là d'ailleurs. Finalement je n'avais pas pensé à grand-chose d'utile et ce qui devait arriver, arriva.

Alignés sur le comptoir de la cuisine juste à droite du tourne-disque *'Hi-Fi'* en voie de devenir machine à laver : un gallon d'eau, du savon à linge et 3 paires de bas sales prêts à plonger. (*'High Fidelity'* se transforma en *'Wireless Fidelity'*, les débuts du terme *Wi-Fi*… je pense)

Une fois la table tournante enlevée du dessus du caisson - quatre vis et un couteau à beurre, quand même assez simple - j'y ai ajouté de l'eau. Je n'ai même pas eu le temps de prendre la boîte de savon avant que l'électricité ne *'saute'*! La lumière de la hotte du four, l'horloge murale en forme de tournesol et la radio se sont toutes éteintes simultanément.

Je n'avais pas non plus réalisé jusque-là que le caisson qui contenait le moteur et le système électrique du tourne-disque était fait de carton pressé. Un *cheap* carton pressé. Donc l'eau a commencé à couler sur le comptoir et par terre, dans la semi-obscurité. Une scène de film.

Tout un plan ! Plus de tourne-disque et pas de machine à laver. C'est cet incident qui m'a fait prendre un hiatus d'inventions.

Quelques mois après notre arrivée à Longueuil, ma mère avait fait la connaissance de Normand, un homme-à-tout-faire disponible et intéressé à s'occuper des nombreuses rénovations nécessaires à la nouvelle maison. Par contre il avait un problème qui l'empêchait de prendre le contrat immédiatement : trop de meubles et pas d'endroit pour les entreposer.

Habituée de se lancer au secours des hommes en leur faisant des offres à son détriment, ma mère lui propose le sous-sol comme solution temporaire d'entreposage en plus de l'embaucher pour quelques semaines. Semaines qui sont devenues des mois. Mon laboratoire / terrain de jeu sera donc envahit par des meubles inconnus jusqu'à ce qu'on le rénove en partie et que j'y transfert ma chambre à coucher pour quelques années.

Rapidement, ils deviennent un couple, ce qui rend mon déménagement éventuel sur un autre plancher que les tourtereaux parfait pour leur intimité. Malheureusement pour moi, même si le couple ne durera pas plus de deux ans, Normand habitera avec nous six ans après leur séparation. Il a été mon père adoptif imaginaire pendant seulement quelques mois de ces huit années pas toujours faciles.

Inévitablement, l'absence de parents c'est dur, mais ça t'apprends à t'occuper de toi-même assez vite.

La machine à laver (la vraie !), le four, la machine à coudre, me divertir, mes émotions négatives présuicidaires, toutes ces choses je les gérais du mieux que je pouvais au tendre âge de 9 ans.

DES ÉTOILES *NINJAS* C'EST DÉVASTATEUR SUR UNE MAISON FINI VINYLE.

En 1974 il n'y avait pas d'internet, d'*I-Phones* ou de tablettes. Pas de *YouTube*, *Twitter* ou *Facebook*; aucune technologie de télécommunication sophistiquée. Je passais encore tout mon temps à explorer mon coin de ville à vélo, lire les livres de psychologie, ésotérisme et géographie de la bibliothèque de ma mère.

Je continuais évidemment à bricoler toutes sortes de *patentes* et faire des expériences de plus en plus dangereuses (et excitantes!), comme des 2 litres de *Pepsi* explosifs, la transformation de dessus de tables en fromage suisse avec des trous bord-en-bord causés par la chaleur intense d'un mélange salpêtre et soufre, sans oublier le volcan actif. La réaction de ce mélange est fabuleuse aussi pour faire fondre une serrure rebelle.

Disons simplement que la maison n'a jamais brûlé et je suis chanceux d'avoir encore dix doigts et deux yeux.

J'aimais donner des cadeaux, une activité qui était un peu de la pêche aux *tapes-dans-l'dos*... peut-être même d'une accolade d'un presque inconnu.

Mon nouveau projet, spécifiquement pour avoir l'attention de ma mère: un aquarium décoratif géant, sans eau ni électricité par contre. Je me suis procuré une énorme boîte de carton au dépanneur du coin et en découpant de grandes ouvertures rectangulaires de tous les côtés à l'aide d'un couteau à pain j'avais mon squelette d'aquarium. En suspendant des poissons multicolores à des fils à pêche à l'intérieur, l'illusion serait intéressante. Il ne manquait que de la décoration réaliste, ce qui prenait le plus de temps.

J'ai investi plusieurs heures sur une période d'une semaine à détailler les poissons de toutes sortes, au moins une douzaine, et à coller un peu partout du sable, des roches et des algues séchées achetées à l'animalerie du coin.

J'avais vraiment hâte de le montrer à ma mère quand elle rentrerait du travail en soirée puisque j'y avais investi aussi beaucoup d'émotions. Aller à la pêche d'affection avec un aquarium, c'est quand même assez poétique. Pour être sûr qu'elle n'ait pas de distractions visuelles, j'avais fait le ménage habituel qui incluait la vaisselle et un ramassage général, mais plus en profondeur, ajoutant un rapide coup de balayeuse.

À son arrivée, après que j'aie soupé seul vu l'heure tardive habituelle (*Kraft Dinner* et saucisses à *hot-dog* en p'tits morceaux, évidemment), je lui ai demandé de me suivre jusqu'au salon et lui ai présenté mon cadeau en le pointant comme une hôtesse de jeu télévisé. Rien.

Puis, une phrase est sortie de sa bouche que je n'ai jamais oubliée même quarante ans plus tard, ***'... pas encore une autre cochonnerie qui va prendre de la place!'***.

Des années après je lui en ai reparlé et elle m'a avoué que cette réaction était un des moments de sa vie qu'elle regrettait le plus. Mince consolation pour un homme adulte.

Normand rénove encore la maison quotidiennement en plus d'y habiter. Des travaux qui ont quand même pris 3 années à compléter en plus de l'ajout d'un deuxième étage et de la finition du sous-sol. Plus les rénovations s'étiraient, plus le gars prenait de la place dans ma vie de tous les jours. Il était scandalisé de voir à quel point il n'y avait aucune discipline ou aucun règlement dans la maison. Ma liberté l'énervait. Mon manque d'encadrement parental le frustrait.

Ma mère voyait ça comme de la liberté pour moi et une façon d'acheter la paix pour elle. Normand voyait ça comme un manque de structure essentiel au développement d'un enfant mâle. Moi, je voyais ça comme du *je-m'en-foutisme* à l'échelle planétaire, de la part de tous. Tout est dans le point de vue.

Il voulait m'élever en homme, en essayant de se mêler de mon éducation de manière passive-agressive. Je me souviens très bien de certains de ses commentaires quotidiens à voix basse : ***'Lèves tes pieds quand tu marches, t'as l'air d'une lavette.'***, ***'Parles pas comme ça aux adultes.'***, ***'Arrête de t'plaindre comme une moumoune.'*** ou ***'Laisse pas tomber tout ton poids sur le divan ; une vraie guenille'***. Un superbe renforcement négatif qui n'a servi qu'à me faire mesurer 1 pied de haut dans ma tête si j'étais à la maison. Ça devenait encore plus lourd une fois rendu au lit quand je repensais à la journée, à me remettre en question. C'était un adulte, il avait sûrement raison. Après quelques mois, les insultes sont devenues des gifles derrière la tête, puis des coups de poing à des endroits stratégiques qui ne se verraient pas si ma mère s'adonnait à regarder par accident !

Malgré tout, surtout à cause de mon besoin de présence paternelle, je décide de lui donner un cadeau à la fête des Pères cette année-là : 4x breloques dorées (*hyper cheap*, mais ça venait du fond du coeur) en forme d'outils de jardinage et de construction, ses deux passions. Râteau, pelle, marteau et tournevis.

Des bijoux *made in china* pour mon père du moment, volé au *Zellers*.

Je n'avais pas d'argent, évidemment, et je suis donc retombé dans le monde du crime déjà visité avec l'école buissonnière et les vols de 25 cents dans les fonds de sacoche. ***'Ajoutez vol à l'étalage chez Zellers à***

mon dossier monsieur l'agent!'

Je les lui donne, le matin de la fête des Pères, avant mon départ pour l'école. Il a l'air surpris, mais quand même relativement… neutre. Mon expression faciale est passée de l'anticipation joyeuse à la déception déchirante en sept longues secondes. Pas sûr à quoi je pouvais m'attendre en fait d'effusion d'émotions de la part de ce 'vrai' homme, mais je n'ai rien eu. Je suis pas mal certain que le cadeau s'est ramassé à la poubelle peu de temps après.

Je n'avais toujours pas d'amis à la nouvelle maison et ma nombreuse famille de tantes, oncles, cousins et cousines était à plus de 400 km de chez-moi, mais je m'arrangeais quand même bien seul. Je n'étais pas tout à fait conscient de mon isolement social maladif et chronique. Mon frérot était encore en 'vacances' pour plusieurs mois au Lac Montplaisir près de Trois-Pistoles, avec un alcoolique comme hôte. Heureusement, sa femme était très maternelle, très gentille. ***'C'est sûr que c'était un soulon, mais au moins ton frère avait accès à un lac!'*** a tout bonnement répondu ma mère un jour.

Les quelques fois où j'ai visité Stéphane - et passer la nuit là-bas - elle nous avait fait des *toasts* au *Cheez Whiz* que l'on trempait dans notre chocolat chaud avant d'aller dormir. Et elle nous bordait, comme dans les films.

Une attention extrêmement bienvenue quand tu es en recherche de parents et d'affection. Je l'aurais définitivement échangée contre ma mère sur-le-champ. À cet âge tout est noir ou blanc, pas de zones grises. On change de mère.

Par contre, ce genre de renforcement positif lié à la nourriture a aussi contribué au fait que j'étais devenu un incurable toxicomane à la bouffe.

Ça va bien je mange, ça va mal je mange, je m'ennuie je mange, personne ne m'aime je mange. C'est simple.

Un *addict* des buffets et des deuxièmes assiettes. Mais comme tout ex-toxicomane, je dois rester loin des tentations au risque de retomber dans la drogue calorique. N'aidant vraiment pas ma relation avec la nourriture, il y avait aussi le fait que ma mère était un peu condescendante, voire même discriminante, envers les ***'... p'tits maigres'***. Sérieusement. Elle donnait la bénédiction sans confession à n'importe qui de ***'... gros et grand comme ton père.'***. Pour un enfant grassouillet qui veut se faire aimer, ce genre de renseignement n'aide pas à vouloir maigrir.

Une de mes idoles était justement un *p'tit maigre*, Bruce Lee. Les inventions c'est beau mais ça ne rassasie pas un gars qui rêve d'être une superstar du *Jeet Kune Do*. Ça ne fait que changer le mal de place. C'est sûr que regarder trois fois de suite *'Enter the Dragon'* ça motivait un karatéka en herbe.

Il y avait des bouts de *tôle* dans le sous-sol fraîchement rénové, pêle-mêle avec les outils de Normand. Parmi ces outils, des ciseaux à *tôle*. Un signe du destin sans aucun doute. Comment réconcilier mes rêves d'une légende des arts martiaux et les constructions artisanales ? Fabriquer des armes. En hommage à l'anti-*bullies* par excellence, je me suis donc découpé une dizaine d'étoiles *ninjas*. Elles planaient merveilleusement et plantaient n'importe où avec aisance. Pour expérimenter avec mes nouvelles armes, je me sers de la plus grande cible que j'avais pu trouver, le derrière de la maison. Rien de moins. Le revêtement extérieur de lattes de bois recouvertes de vinyle s'est vite retrouvé criblé de centaines de trous. Trois journées de lancées 'en mouvement', 'en roulade', 'à deux mains' et 'entre les jambes'. Heureusement, *YouTube* n'existait pas encore parce que j'ai la nette impression qu'une vidéo de mes péripéties serait devenue virale et m'aurait transformé en risée dans le genre du *'Star Wars Kid'* d'il y a quelques années.

De retour à pleine vitesse sur mon vélo d'une course au dépanneur du coin pour acheter du lait si indispensable au café de Normand, je frappe de plein fouet quelque chose avec ma tête. Une belle grosse ruche d'abeilles pendouillait, dissimulée entre les arbres fournis et l'automobile inutilisée depuis plusieurs mois par ma mère au fond du stationnement. Drôle d'idée de ma part d'essayer de me rendre à la cour par cet étroit passage, mais bon… Je me retrouve couvert de bestioles belliqueuses qui me piquent un peu partout pour défendre leur territoire. Je tombe de mon vélo et instinctivement cours vers l'arrosoir à l'arrière de la maison tout en gesticulant comme un possédé, chassant les abeilles du mieux possible. Presque arrivé à mon but, Normand m'agrippe par le collet et se met à me donner des coups de pied au cul. Littéralement.

Il avait vu l'état du derrière de la maison criblée de trous d'étoiles *ninjas*, et avait décidé de me discipliner maintenant. Jusqu'à ce jour, je me dis qu'il n'était pas au courant de mon impact avec la ruche quelques secondes auparavant, mais qui sait ? Après une dizaine de coups de pieds, il me prend par les cheveux et me colle le nez sur le vinyle en criant comme un perdu. J'ai eu peur. Très peur. Au travers de toute cette violence, j'avais même oublié les innombrables de piqures d'abeilles momentanément.

Deux minutes plus tard, assis par terre dans la cour, je commence à ressentir la douleur intense des piqures et de l'humiliation de se faire battre. Toutes ces émotions sont accompagnées de la voix de Normand qui pique une crise monstre à ma mère à l'intérieur. Il la convainc que j'ai vraiment besoin de discipline et de focus même si elle trouve ça *normal* que je m'amuse. Ne voulant pas créer de problèmes avec son *chum*, elle passe aux actes et mes étoiles *ninjas* m'envoient en ligne droite au *Ranch Mattawapi* pour deux semaines.

Avant de commencer la tournée des pensionnats, pourquoi pas un réchauffement dans un camp d'été, pour me forcer à interagir avec des humains de mon âge et, théoriquement, me donner une leçon de savoir-vivre. Une autre action de ma mère qui me fait sentir de trop, et non important. Bon débarras fiston, je veux encore du temps seul tout en ne voulant pas désappointer Normand.

Je n'ai aucun souvenir spécifique de mon passage à ce camp mis à part une solitude extrême et l'odeur de la merde de chevaux 24/7. À mon retour, les étoiles de tôle étant devenues illégales à la résidence Vauquelin, je me rabats sur mes trois couteaux de chasse avec la promesse de ne plus utiliser la maison comme cible. J'en fabrique donc une nouvelle, plus appropriée, avec des retailles de bois des rénovations. Le lancer du couteau m'amusera le reste de l'été.

C'est lors de ces trois semaines de 1974 que j'ai considéré l'idée de joindre un Cirque comme lanceur de couteaux, parce que cirque = famille, dans les films du moins. En plus, l'assistante de cet artiste de la lame est toujours une superbe femme habillée sexy. Gagnant-gagnant.

Une chose est sûre: la cour de ma mère a été tout un terrain de jeu et d'apprentissage à partir de cette année-là, et pour les cinq années suivantes... Accidents cocasses, partys sans surveillance, drames avec et sans larmes, spectacles rock, chicanes de couple, premières expériences sexuelles avec quelqu'un de mon âge. Magique.

En fin de compte, je n'ai jamais continué dans le lancer du couteau. Au lieu des débuts d'une spectaculaire carrière au *Cirque du Soleil*, ce fut le début de trois années de pensionnats : des Français (de France), des Frères (futurs curés) et des Pères (ex-curés).

Ouch !

Le corps raide, les oreilles molles

Une phrase fétiche qu'on m'a souvent répétée : le corps raide, les oreilles molles. C'est gravé dans ma tête. Je savais très bien ce que ça signifiait quand ma mère me la soufflait à l'oreille en public, pour que je ne fasse pas de vagues et me tienne tranquille. Étais-je vraiment si pire que ça à côtoyer ? À cette époque, je me suis posé cette question des milliers de fois. En écoutant une émission de télé sur les métiers intéressants où un maître-chien était interviewé, j'ai réalisé que c'était une phrase qui s'appliquait habituellement aux chiens mal élevés. Finalement, elle voulait que je fasse le beau.

Ma troisième année scolaire est si facile, avec une moyenne de plus de 96 % dans toutes les matières, que ma mère veut me faire sauter en cinquième directement. Elle remue ciel et terre et s'arrange pour que je ne fasse pas ma quatrième année. Une situation pas vraiment idéale pour se faire des amis, me mettant encore plus à l'écart. J'étais ***'... le p'tit nouveau génie'*** dans une classe de plus vieux qui ont des moyennes de 65 %.

Tout le contexte me rend plus différent des autres enfants et m'isole. Être le plus jeune et le plus intelligent d'un groupe, tout en étant rondelet - gros - n'est pas facile.

Malgré tout, je continuais à m'arranger seul, comme un grand. Cette autosuffisance et ces moments d'isolement ont sûrement contribué à me renforcir en tant qu'adulte, mais le jeune brisé, caché, n'est jamais parti complètement. Je le sens quotidiennement qui tremble au fond de moi, recroquevillé dans un coin. Son armure publique décorée de bijoux d'argent, d'un sourire et d'un manteau de cuir n'étant que poudre aux yeux. Plus ça brille en dehors, moins on voit les bris internes.

Un enfant triste et démoli qui est devenu président de son entreprise.

C'est quand même fou. Surprenamment, j'étais 'heureux' en général, mais peut-on être vraiment heureux sans exister ? En essayant toujours d'être invisible ? J'étais insouciant et curieux ; libre et aventurier. Tant que je faisais ma p'tite affaire, seul, tout allait bien. En public, c'était autre chose.

La meilleure façon de se rendre compte de ce que l'on a est de le perdre. (Ce n'est pas de moi, mais c'est vrai.) Devenir pensionnaire dans une école stricte m'a fait comprendre assez vite que ce que j'avais avant était la liberté d'agir et de penser !

Après une vie sans règles, je me ramasse dans une institution très sévère et pleine de règlements militaires. En 1975, je découvre ce qu'est la dynamique et le sentiment d'être pensionnaire en allant à cette première de trois écoles privées consécutives, toutes remplies d'enfants intelligents, retardés sociaux et / ou issus de familles riches. Souvent, les deux premiers vont ensemble… surdoué-incompris.

J'ai un an de moins que tous les autres élèves de mon niveau, mais je sens que j'ai quelques années d'avance en maturité. Il faut croire que l'absence parentale fait maturer rapidement. Le fossé qui me sépare de mes compagnons de classe est donc déjà creusé au premier jour.

Je dormais au pensionnat Français, arrivant le dimanche en soirée pour repartir chez moi le vendredi après-midi quand les cours étaient terminés. Je n'avais qu'à traverser la rue, littéralement, pour aller de la maison à la grosse structure de briques beiges. Tous les pensionnaires devaient prendre des autobus pour se faire reconduire à la station de Métro Longueuil où leurs parents venaient les chercher. Pas moi.

Ça fascinait les autres enfants ; je marchais 84 mètres et boum ! j'étais chez moi. 84 *fucking* mètres. Une cruelle blague du destin a fait que ma chambre était du côté de l'édifice donnant vue directement sur la cour. Ma cour !

De la fenêtre de ma chambre 'de semaine', je voyais ma chambre 'de fin de semaine' et la maison familiale. Mon frère y jouait seul ou Normand s'occupait du jardin pendant que j'apprenais comment devenir un adulte responsable avec des Français rigides. Course (et même *marche rapide*) interdite en tout temps ; silence de mise.

Ça fait réfléchir un enfant. Pourquoi m'envoyer dormir ailleurs que dans mon lit ? Ma mère se débarrasse de moi ? Je dois être vraiment insupportable... À mes questionnements j'avais eu de la *bullshit* comme réponses, maintenant que j'y repense. Mais avec mon jeune cerveau, je l'ai achetée.

L'explication officielle :

'... je voulais que tu socialises avec d'autres enfants, et te sortir de la maison était bénéfique.'

Ce qui sortait de la bouche des pensionnaires par contre :

'Wow ! ta mère veut s'débarrasser de toi Derek !'

Ce que je croyais :

'?????'

Le principe général de se faire envoyer dans un pensionnat était déjà assez difficile à gérer, mais le fait qu'il soit si près de chez moi amplifiait encore plus le choc. Tous ces éléments font passer mes notes moyennes de 95 % à 75 % en l'espace d'un seul mois. Cette situation fut une brique de plus dans le mur du rejet familial. Chaque fois que je marchais jusqu'au pensionnat, je comptais chaque pas. 168 exactement. Compter était toujours la meilleure technique de défense pour ne pas penser. Comme aujourd'hui, je compte tout, tout-l'temps ou je fredonne la même chanson encore et encore.

Surtout dans les années scolaires avant le secondaire, j'étais toujours beaucoup plus ami avec des adultes qu'avec des enfants de mon âge. Ils me trouvaient poli, intelligent, drôle, serviable, unique. De mon côté, je cherchais des parents partout; tout l'monde y gagnait.

Un de ces adultes était une gentille vieille dame qui travaillait à la cafétéria. Pour une raison que je ne saurai jamais (puisqu'elle est sûrement morte aujourd'hui), elle s'arrangeait toujours pour que j'aie de plus grosses assiettes, plus de macaroni ou plus de pâté chinois que les autres pensionnaires. Tout le contraire de la *tortionnaire* de la série '*Les Simpsons*', en fait d'employée de cafétéria ! Avait-elle vu en moi un manque d'attention en plus de m'identifier comme un *addict* de la nourriture ? Comment ? Était-ce si évident ? Probablement.

Quand on avait des saucisses, elle cachait un morceau de plus sous la boule de patates pilées et me faisait un clin d'oeil en me remettant l'assiette. Une pointe de tourtière règlementaire devenait une pointe-et-demi pour moi.

Je mangeais vite, comme tous les accros.
Avez-vous déjà vu un héroïnomane conserver
quelques grammes pour être raisonnable ?
Ralentir ?? Moi non plus !

Une des consignes du pensionnat était de ne pas parler et garder les mains dans le dos en attendant les autres enfants plus lents. Pénible. Je les regardais rire et échanger, manger à une vitesse normale. Je les observais en silence, les mains dans le dos.

L'autre adulte du Collège qui me vient à l'esprit est la 'gardienne de prison', surnom officiel donné à la surveillante de plancher en soirée et que tous redoutaient. Moi, je m'entendais bien avec elle. Je pouvais lire mes premiers Stephen King ou la biographie d'Albert Einstein (que j'ai toujours d'ailleurs) avec ma lampe de poche sous les couvertures, après que l'heure du couvre-feu soit passée. Elle savait ce que je faisais et me laissait tranquille.

Un autre passe-droit que j'ai eu avec elle, fut de me voir accorder la possibilité de téléphoner à la maison lors d'une soirée où j'étais un peu plus triste que d'habitude. Les appels personnels étaient strictement défendus à moins d'une urgence extrême.

En fait, je crois que je commençais déjà à être dépressif même suicidaire, à 10 ans. J'étais convaincu de pouvoir parler à ma mère, car je voyais plusieurs fenêtres illuminées à la maison, de ma chambre du pensionnat. Ça me calmerait et ma panique de rejet retournerait en hibernation.

Je me suis donc rendu à son bureau et, histoire d'avoir une confirmation qu'elle ne voulait pas se débarrasser de moi, j'ai signalé mon numéro de téléphone.

Après plusieurs coups de sonnerie tous plus pénibles les uns que les autres, j'ai raccroché. Dix-sept coups, exactement! À chacune des sonneries, je sentais les larmes monter. De retour dans ma chambre j'ai regardé longtemps par la fenêtre vers ma maison, en me posant encore plus de questions.

Il n'y avait pas que de bons adultes qui m'entouraient au Collège Français, il y en avait aussi de moins bons. Le prof de *gym*, entre autres, bonhomme imposant à la coupe de cheveux militaire, nous faisait courir autour du gymnase et alors qu'il se tenait au centre, nous lançait des balles de tennis de toutes ses forces pour nous motiver à bouger et développer notre cardio… la vie étant ainsi faite, je deviens sa cible préférée grâce à ma redoutable lenteur. Toute l'année…

Mes tenues vestimentaires *fluo* et éclectiques devaient agir comme un appât de pêche pour lui, le gros poisson affamé.

D'après moi, cet homme est un *ex-bully* qui a trouvé une situation parfaite pour continuer les abus impunément. Ou, encore plus intéressant, c'est une ex-victime de *bullies* qui se venge sur tout ce qui bouge maintenant qu'il est en position de pouvoir. De toute façon, il m'intimidait. Chaque veille de cours de *gym,* j'en avais des sueurs froides avec palpitations cardiaques, littéralement. J'ai feint des maux d'estomac et des grippes plusieurs fois pour éviter ce cours en particulier certains matins où je voulais rester dans ma chambre j'utilisais un truc extraordinaire que j'avais vu dans un film.

Dans *'It Happened at the World's Fair'*, notre héros doit s'occuper d'une petite fille pour quelques jours. Pour feindre une fièvre, elle se met le front à 1 pouce du calorifère pour ressauter sous les couvertures aussitôt que *'Mr. Mike'* (le personnage d'Elvis Presley) venait voir si tout allait bien. Ça fonctionnait parfaitement dans la vraie vie aussi.

Je dois quand même remercier ce prof de *gym* pour être aujourd'hui connu au badminton ou au karaté comme le 'gros chat' à cause de mes déplacements latéraux surprenants pour un homme de mon gabarit. C'est dans ce cours d'éducation physique que je réalise de plus en plus que je suis systématiquement le dernier repêché. Ça avait commencé il y a bien longtemps, mais j'en prenais maintenant conscience plus qu'auparavant. Plus important encore, je me mets à le craindre… le rejet par les autres.

J'ai des images brûlées dans ma mémoire des expressions des capitaines et membres de leurs équipes qui avaient la malchance de ***'…finir avec Vauquelin'***. C'était pire qu'un coup de pied au visage. Un sentiment d'impuissance que je ressentais implacablement chaque fois.

À quelques reprises en soirée, je me suis surpris à regarder l'asphalte de la grande cour où les élèves jouaient au ballon chasseur la journée. Du haut de la fenêtre du deuxième étage du collège, je me demandais si c'était assez haut pour faire le travail ou si je ne serais que paralysé en sautant. Je n'étais pas sûr de la hauteur exacte de la chute, car la vitre n'avait pas été lavée depuis longtemps. Je l'ai donc ouverte, puis le moustiquaire pour voir encore mieux la surface où j'atterrirais. Le vent soufflait sur mon visage et me faisait cligner des yeux. C'était bien assez haut. Des pensées éclairs qui disparaissaient vite, mais elles étaient là comme un poids sur mon coeur ou une corde autour du cou.

Quand j'entendais les mots formons des équipes ou choisissez des partenaires, je me mettais à trembler intérieurement. Tremblements et sueurs.

Une crainte qui me suivra toute ma vie ; les tremblements et les sueurs froides aussi. La seule fois où je n'ai pas été le dernier choisi cette année-là fut par un élève français qui semblait au courant de ma situation émotionnelle. Il faut croire qu'il voulait faire sa bonne action de la semaine en me réclamant dans son équipe de ringuette, avant-dernier. Une occasion pour moi de voir le désarroi et la déception du dernier repêché, de l'autre côté de la clôture. Expérimenter l'autre côté de la médaille.

Au lieu de me réjouir de mon éphémère victoire, j'ai eu de l'empathie pour le pauvre gars. J'ai très mal joué durant la partie, mais l'élève français n'en a jamais fait de cas.

Son nom était Fabien et je me souviens qu'il avait un accent très prononcé. Un des élèves qui dormait dans la chambre juste en face de la mienne. Il parlait toujours de *Bigfoot*, d'*Ovnis*, du Triangle des Bermudes et du Monstre du Loch Ness. Son rêve : de devenir chercheur de Mythes et Légendes, un ufologue, un globe-trotter aventurier. En plus, il était comme moi dans un sens, un gars excentrique d'après les autres enfants, mais contrairement à moi, il maîtrisait bien le jeu social. Un rusé-charmant... les plus dangereux.

Il me fascinait et je l'enviais.

Lui, il était fasciné par ma liberté de pensées et d'actions ; l'absence de règles chez moi. On s'entendait bien. Manger ce que je voulais quand je voulais, faire du vélo à n'importe quelle heure de la nuit ou encore s'amuser avec des armes dangereuses - et illégales - étaient toutes des choses qu'il aurait aimé faire. Finalement, on s'enviait l'un l'autre, bonne base pour de longues conversations amicales.

Sans s'en douter, il m'a sauvé la vie. On ne sait jamais quelle vie on peut être en train de sauver, ou à quel moment.

Le gazon est toujours plus vert chez le voisin ! Une photo de nous deux *'bras dessus bras dessous'* devrait illustrer ce proverbe dans le dictionnaire.

J'ai passé beaucoup de mes nuits, éveillé, à rêver à des aventures rocambolesques avec ce chasseur de fantômes comme compagnon de voyage. Je serais très curieux de le revoir, mais comme mes *bullies*, je ne me souviens même pas de son nom de famille, donc des recherches sont quasi impossibles. J'espère qu'il a continué à poursuivre son rêve et qu'il n'est pas devenu comptable.

UN ÉLÈVE MORT ÇA RÉVEILLE SEC À 4 HEURES DU MATIN !

L'année 'Française' passée arrive l'été 1976. Je fais du vélo toutes les nuits sur le long Boulevard Taschereau. Avec ses six voies, il traverse plusieurs villes de la Rive-Sud. Je zigzague seul à 2:00 du matin en plein milieu de la route, en direction de deux de mes *hangouts* favoris : *'Le Roi de la Patate'* et *'Italiano Pizza'*. Les deux noms de commerce ont le mérite d'être clairs. Patates et pizzas, encore du *junk* comme on me l'a montré à la maison. Rien de bio ou diététique là-bas. Pas mal sûr que tout avait du gluten aussi, et des arachides, et du mauvais cholestérol.

Au *Roi*, les hot-dogs *steamés*, les frites et les *liqueurs* étaient tous au même prix. À 50 cents chaque, taxes incluses, ça se calculait bien. Chez Italiano, je pouvais acheter 'à la pointe' pour 1 $. Un 2 $ allait loin.

Je visite la ville Longueuil d'un bout à l'autre pendant que le reste de la population dort. Je n'avais pas 17 ans, ni 23, mais bien 11. Par contre, je ne fais pas que pédaler et manger. Je fais aussi des plans pour conquérir le monde jonché tout au haut d'un arbre du parc d'en face. J'espionne en plus les travailleurs de nuit sur la rue Ste-Hélène, tout dépendant de mon humeur. Divertissant et excitant dans les deux cas. Je m'amuse encore avec les *kits* de chimie et d'électronique, mais les ayant tous faits à plusieurs reprises c'était devenu moins motivant. Je continue à grandement modifier et ajuster ces expériences sans tenir compte des instructions, des ratios ou autres recommandations possiblement importantes du fabricant. Quelques-unes de mes nouvelles formules ou appareils électroniques prennent feu ou fondent, mais d'autres sont des succès inespérés. De drôles de senteurs venaient du sous-sol, mais évidemment et heureusement, ma mère ne posait pas de questions.

Pour des raisons de paiements d'assurances contestés et contestables, je ne peux entrer dans les détails ici…

Un vrai savant fou aux cheveux sales, en *shorts*. Ma mère ne m'avait pas encore donné son fameux truc ***'… infaillible et rapide contre les***

cheveux gras'. Je crédite tous ces jouets scientifiques pour mon esprit de recherche-et-développement qui me sert encore si bien dans mon métier de '*solveur* de problèmes', mieux connu sous l'appellation de 'maquilleur d'effets spéciaux' dans les crédits de fin des productions.

Où serais-je aujourd'hui si j'avais eu accès à 200 canaux de télé, à une *Xbox* ou à *Facebook* au lieu de simples reprises des *Jeux Olympiques* de Montréal ? Sûrement pas en plein tournage de mon 60ème long métrage.

Après un été avec du bon air, de la science et des patates frites, j'étais mûr pour un autre pensionnat.

Mon jeune frère revient de ses longues vacances au Lac-de-l'alcoolique, donc histoire de garder l'équilibre du degré de pression parentale à un niveau gérable pour ma mère, je dois sortir encore, c.-à-d. dormir ailleurs que chez moi pour une deuxième année consécutive. Mais cette fois-ci, on lâche les Français et je suis inscrit au Pensionnat des Frères de la Chrétienté.

Pas à 84 mètres de chez nous, mais bien à 84 km, tout près de la frontière américaine. Sur la frontière, entre les deux pays, d'où je pouvais voir les édifices des douanes américaines et canadiennes, de la fenêtre du dortoir.

La porte tournante de la famille continuait à tourner. Un revient, l'autre doit sortir. Cette fois-ci par contre, il reviendra pour de bon.

Les vieilles questions se repointaient le nez :

'Pourquoi un pensionnat ?'

'Mes amis vivent avec leur famille, pourquoi pas moi ?'

'Suis-je si désagréable à côtoyer quotidiennement ?'

'Est-ce que c'est vraiment pour mon bien ou pour son bien ?'

La tristesse du rejet par ma mère commence tranquillement, mais sûrement à se transformer en colère. Petit embryon qui deviendra grand bien assez tôt.

Contrairement au Collège Français l'année précédente, il semblerait que le compte de banque ne soit pas le seul critère d'entrée chez les Frères de la Chrétienté. Ils ne prenaient que les 'cerveaux' sans histoire. J'ai dû faire un test de Q.I. pour vérifier mon intelligence, avant d'être admis. Deux semaines après le test, ma mère m'apprend que j'ai eu un score de '165'. Ça ne voulait rien dire pour moi ; un genre de génie à ce qu'on m'a dit, surtout à ce jeune âge. Un génie mésadapté. Du déjà vu.

Je suis accepté ! Bienvenue fiston ! C'était grand, c'était beau. De la forêt à perte de vue. Juste à côté d'un refuge d'oiseaux protégé. Plusieurs édifices à grandes fenêtres érigées un peu partout dans des clairières, reliés par des sentiers dont l'un menait à la Baie Missisquoi, un affluent du Lac Champlain, où on allait pêcher de temps en temps en remplacement du cours de *gym*. Sur papier et pour le reste des pensionnaires, un paradis.

En théorie, pour un gars qui est en recherche de figures paternelles, être entouré de futurs prêtres me réjouissait. Sauf que ces gars-là n'étaient pas chaleureux. Ils n'étaient pas paternels. Nolin, Adhémar, Gérard, Gratien, Nomar (!!!)… tous froids et fermés.

Le seul adulte qui me faisait du bien là-bas avait un talent de dessinateur assez impressionnant, du moins à mes yeux, et il me donnait les divers logos des équipes de la *LNH* tous les deux ou trois jours. En plus, il était mon guide de pêche lors des cours de *gym* au lac. Noël était un nom approprié pour un homme qui réussissait à me faire sourire quotidiennement. C'était lui aussi qui avait eu l'idée de réveiller les enfants le matin avec de la musique non orthodoxe.

Il faisait tourner un *'45-tours'* disco (*'I love to Love'* de Tina Charles était le plus utilisé) qui résonnait dans l'énorme pièce où tous les lits des enfants étaient bien alignés. Onze lits de large par 10 lits de profondeur. Chacun avait sa propre petite armoire de bois pour y ranger ses affaires personnelles. Ça donnait l'impression d'un gymnase aménagé pour la population lors d'une catastrophe naturelle. Aucune intimité non plus, sûrement intentionnellement, pour garder un oeil sur les élèves, mais aussi pour s'assurer qu'il n'y ait pas de débordements des Frères catholiques.

Sans aucun doute, un des évènements marquants de mon année fut la mort discrète d'un de mes camarades de classe dès la deuxième semaine. À 4:00 du matin, on se fait réveiller fermement mais en silence, un à un, pour être escortés sur le gazon devant la bâtisse qui nous servait de dortoir. Je grelottais, en pantoufles, encore à moitié endormi. Rapidement, une nouvelle a commencé à circuler de bouche à oreille : il y avait un des nôtres inconscient dans son lit et des ambulanciers étaient en route d'urgence.

Inutile de dire que j'ai eu un moment de panique en pensant à mon jeune compagnon et au *pourquoi-du-quoi*. Après quinze minutes, une autre nouvelle se met à circuler : c'est François, le grand maigre avec de grandes dents et le teint pâle, cheveux frisés. On l'appelait le 'mouton'. Après trente minutes, sous nos regards curieux mais apeurés, le corps-mort de notre ami était sorti sur une civière par des ambulanciers.

Je ne pensais pas que c'était possible pour François d'être plus pâle que dans la vie de tous les jours, mais je m'étais trompé. La partie de son visage que je pouvais entrevoir dépasser de la bâche qui le recouvrait était blanche *froid* ; mauve *transparent*.

Nous avons eu droit à un petit déjeuner devancé, improvisé, en pyjama, tous les enfants ayant toujours la même expression de surprise sur le visage. J'ai très mal digéré mes céréales et mes *toasts* ce matin-là, et les cours qui ont suivi ne m'ont rien appris, étant perdu en pensées lugubres. Cet évènement a grandement amplifié mon côté hypocondriaque maladif et ma peur d'une mort subite.

Sinon, le reste de l'année a relativement bien été, et mes notes sont remontées dans les 80 %. Je me suis même réconcilié momentanément avec le sport d'équipe grâce à un prof qui ajustait les demandes de performances aux individus et à leurs capacités réalistes.

Quand le sujet du Pensionnat de Philipsburgh est venu sur la table dernièrement, ma mère m'a dit simplement ***'… je ne savais rien faire*** (de maternel)***… et je voulais que tu connaisses un semblant de vie sociale normale.'***. Explication raisonnable d'une personne dépassée par les évènements ? Peut-être.

Est-ce que ça m'a aidé socialement à ce moment-là ? Absolument pas.

J'aurais des réponses à mes questions parentales assez vite, car les actions parlent plus fort que les mots.

J'aurais pensé - et je souhaitais - que le peu de temps que nous avions les fins de semaine entre mes allées retour au pensionnat aurait été des moments privilégiés pour faire des activités en famille. Créer des liens ou peut-être recevoir une accolade de temps en temps. Dans le même ordre d'idée, je croyais que ma mère aurait dû m'emmener elle-même au Métro Longueuil les dimanches après souper. Mais non, c'était Normand ou un taxi qui me reconduisait à l'autobus pour Philipsburgh.

Elle voulait écouter une émission de télé ou appeler quelqu'un, toujours une explication pour ne pas venir elle-même. Un coup au coeur à chaque fois. Le dimanche qui est resté gravé dans ma mémoire, elle avait reçu la livraison d'un orgue en après-midi ; son fameux orgue électronique multi-*beats* avec des clés de toutes sortes de couleurs. Elle avait décidé de déballer et tripoter son nouveau jouet malgré mon insistance à venir me reconduire. Dans ma tête d'enfant, je passais maintenant deuxième à un instrument de musique quétaine, plus seulement aux hommes ou aux apparences.

Un *fucking* orgue avec *beat Bossa Nova* intégré !

Elle possède toujours l'instrument aujourd'hui et ne l'a jamais utilisé en quarante ans sauf comme ramasse-poussière. Pas une fois ! Le Métro Longueuil n'était qu'à 10 minutes de chez nous, Maman.

Les actions parlent plus fort que les mots.

Bullies 33 - Derek 1

Mes excursions solos à toutes heures du jour et de la nuit auraient pu mal tourner : accident, tueur en série, drogue, pédophile, chauffard, gangs de rue. Je ne sais pas si ce fut de la chance ou de la jugeote de ma part, mais rien de dangereux n'est jamais arrivé. Donc, lors de l'été 1977, je fais du vélo sans me soucier de l'horloge, mais je commence à aller encore plus loin que *Le Roi de la Patate*. Les *Blues Brothers* m'avaient inspiré et je m'étais mis dans l'idée d'aller commander un ***'... poulet entier et un coca'*** à une rôtisserie de Saint-Constant qui était ouverte toute la nuit.

Je m'y suis rendu de peine et de misère. J'ai bien fait rire la serveuse en lui demandant la même chose que Jake Blues dans le film. En fait, je pense qu'il prenait quatre poulets, mais un seul suffirait pour moi. Le resto était à environ 10 kilomètres de pédalage intensif en réalité, mais qui m'a semblé plus de 100 kilomètres une fois le ventre plein à 2:00 du matin.

Dans le jour, je regarde en boucle les rediffusions Olympiques de l'année d'avant, évaché sur le grand divan du salon en *bobettes grand-père* vert forêt. J'avais manqué l'excitation des Jeux de 1976 en direct à cause de mon focus sur l'exploration de la Ville et des sciences. Plus spécifiquement, la jeune Roumaine Nadia Comaneci qui fut nommée 'reine des jeux' et qui accumulait les notes parfaites en gymnastique me fascinait. Qui aurait pu deviner à ce moment-là que trente ans plus tard je tomberais en amour avec ma propre jolie Roumaine en allant tourner un long métrage à Bucarest.

Pas la 'reine des jeux', mais ma 'princesse roumaine' à moi, notes parfaites et tout.

Pour prendre une pause Olympiques et ayant fait le tour de tous les secrets de la ville de Longueuil, je commence à aller à la recherche d'insectes dans les nombreux boisés avoisinants.

Ça rassasie mon extrême curiosité pour un moment, mais confirme aussi ma non moins extrême peur des araignées. Ma collection de papillons commence malgré que j'ai le coeur brisé chaque fois que je les enferme dans un bocal contenant des vapeurs de cyanure. Mon scientifique intérieur prend quand même le dessus pour un moment. Mon *trip* insecte ne durera pas longtemps par contre. Je n'étais pas doué pour tuer, même un papillon. Trop d'empathie pour des *bibittes.*

Maintenant âgé de 12 ans, il arrive quelque chose d'important pour ma future motivation à défendre la veuve et l'orphelin. Un moment penture qui change tout. Mon frère, alors âgé de 7 ans, avait commencé à se battre avec un autre enfant dans un grand stationnement public derrière notre maison. Je ne sais pas ce qui est arrivé pour que ça dégénère, mais il y avait de l'agressivité entre les deux jeunes. L'adversaire avait rapidement pris le dessus pour finir assis sur le ventre de Stéphane qui essayait de bloquer les coups tant bien que mal. Il se faisait cogner à répétition. Les poings pleuvaient sur son visage. Moi, je me tenais debout à 10 mètres de la dégelée, figé, regardant sans rien faire.

Je justifiais mon inaction avec des cris de ***'... enwoyes! t'es capab!'*** en me faisant croire que je l'aidais concrètement avec mes paroles. Trop peureux pour aller sauver mon frère qui commençait à saigner sérieusement. Il s'en est tiré avec quelques ecchymoses et coupures, mais je n'oublierai jamais le sentiment d'impuissance de cette minute de ma vie. Impuissance par décision, pas par obstacle. C'est ce qui me faisait le plus mal.

Lors des quelques mois suivant cet incident, j'avais de la difficulté à croiser son regard, même s'il n'avait pas l'air de se remémorer l'évènement. Mon frère avait visiblement été victime d'une commotion cérébrale.

Ce souvenir est devenu une motivation constante, qui m'a éventuellement transformé en fonceur et en confronteur. Désolé *frérot.* Si seulement je pouvais retourner en arrière...

Après l'été 1977 ma mère m'annonce que je suis encore inscrit à une école privée de Saint-Bruno ***'... mais non-pensionnaire, ne t'en fais pas.'***.

Après les Français et les Frères, ce sera donc au tour des Pères de s'occuper de mon éducation... la troisième et dernière des écoles privées successives de ma jeunesse.

Je ne finirai pas l'année scolaire là par contre à cause de mon ***'...comportement inacceptable.'*** Moi, l'élève parfait, poli, régulièrement favori des profs. Comportement inacceptable ? *Surréel.*

Mais ma mère n'avait pas terminé avec l'annonce de nouvelles surprenantes, preuve à l'appui, juste à côté d'elle. ***'La fillette que nous allons visiter depuis cinq ans à Trois-Pistoles déménage ici. C'est ta demi-soeur !'*** Elle se tenait un peu derrière ma mère semblant vouloir se cacher, son visage rempli de doutes. Je la fixai longuement. ***'Elle va prendre la chambre du fond.'*** Et sur ces mots, elle tourna les talons. Bye. Arrangez-vous. Les premières années ont ressemblé à la première minute de l'annonce du lien parental entre nous. Inconfortable et malaisante. Nous n'avons jamais connecté.

Je crois qu'elle était très heureuse dans sa maison adoptive originale, et moi je n'avais vraiment pas besoin de compétition pour l'attention maternelle déjà rare. ***'Rare comme d'la marde de pape !'*** aurait dit ma mère.

Je débute mon secondaire 1 aux Pères-du-Saint-Sang-de-Jésus. Avec un nom comme ça, on penserait être en *sécurité émotive* et recevoir de l'empathie de la part des dirigeants et enseignants, mais non. Les Pères en question s'en foutaient pas mal... aussi froids que les Frères et aussi sévères que les Français. Merveilleuse combinaison.

N'étant pas pensionnaire, je devais prendre l'autobus de chez moi jusqu'à l'école du Saint-Sang. Grosso Modo, une bonne heure de voyage par jour, matin et soir, en comptant les 23 arrêts entre le départ et l'arrivée. Qui comptait le nombre exact d'arrêts ? Moi, évidemment.

Mon passage chez les Pères m'a fait réaliser deux choses :

- l'apparence physique est très importante si tu veux te fondre dans la masse.
- être le défenseur des opprimés ça peut t'envoyer à l'urgence.

C'est plus complexe de contrôler son corps ou sa couleur de cheveux, mais nous sommes en contrôle de notre hygiène ou de ce que l'on porte. Si je suis malpropre ou mal habillé, c'est de ma faute. Mais puisque l'on ne peut pas montrer à ses enfants ce que l'on ne sait pas, j'ai dû apprendre à mes dépens.

Ma mère ne m'a jamais expliqué que le brossage de dents était impératif pour sortir en public, pour avoir une haleine passable ou pour protéger sa dentition pour le futur (elle s'est fait arracher toute la sienne alors qu'elle était ado, préventivement !).

Elle ne m'a pas montré que des cheveux propres c'est plus attirant que des cheveux gras, dépeignés. Un autre de mes problèmes d'attention négative était que j'avais un habillement étrange. Surtout à cause de contraintes financières, mais je crois que le manque de bon goût était en partie à blâmer. Mes *shorts* de *gym*, qui étaient des anciens pantalons *stretch* portés par ma mère et qu'elle avait coupé mi-cuisses, en prenant soin de faire des rebords bien épais juste en haut des genoux étaient un excellent exemple. Le matériel lui-même était carreauté vert et blanc ; *flash* ; *fluo*. J'écris ces lignes et mon esprit conscient a encore de la difficulté à accepter que c'est vraiment ce que je portais en public.

J'avais aussi une imitation des fameuses chemises de ce temps-là, à manches longues, avec des insignes militaires brodés. Ma mère ne voulant pas dépenser l'argent des originales à la mode, avait fait une copie *homemade* avec une chemise à manches courtes en faux-jeans bleu épais - alors que les 'vraies' étaient faites de mince coton blanc ou noir - et acheté plusieurs écussons à broder au bon vieux Tissus Parent. Malheureusement pour moi, ils représentaient une montgolfière, des fleurs, une automobile et un cheval. Rien de militaire ou naval. Rien de cool. Risible et enfantin.

Des fleurs et une montgolfière. J'avais la larme à l'oeil, mais le chemin de l'enfer est pavé de bonnes intentions, semble-t-il. Inutile de dire que c'était une pâle imitation qui m'a attiré bien des moqueries. J'aurais été mieux de ne rien avoir *'à la mode'* plutôt que de porter cette chemise, que j'ai haïe dès la première journée de classe et que je n'ai plus jamais remise.

Je m'en suis débarrassé en douce.

Une autre pièce de linge que je trouvais superbe, mais qui m'a causé beaucoup d'ennuis fut un coupe-vent aux couleurs de Radio-Canada ramassé dans une vente de sous-sol d'église pour 5 $! Le logo géant du poste de télé, dans le dos et sur le devant du manteau, faisait un effet de cible orange-bleu-foncé tout à fait appropriée pour moi dans ce temps-là. La cible parfaite. On ne s'habitue jamais à marcher dans les corridors et entendre les rires et commentaires des autres enfants.

D'ailleurs, mon système de défense interne développé depuis longtemps devenait de plus en plus utile. Il me blindait de la majorité du bruit négatif qui m'entourait chaque jour. En détresse émotive je comptais, comme au primaire. Les craques du plancher, les tuiles du plafond, les automobiles rouges... si j'étais fatigué de compter, je fredonnais *'Johnny B. Goode'* sans arrêt. La version d'Elvis Presley, pas l'originale de Chuck Berry.

J'étais *clueless* et ma mère me disait que les rires et commentaires ***'... viennent d'une place de jalousie de la part des autres... ignore-les.'***. Je l'ai cru ; je me suis fait fourrer royalement.

Ça allait prendre encore plusieurs années de vaches maigres vestimentaires avant de trouver mon propre style... à 22 ans.

Depuis des semaines, je voyageais assis à l'avant de l'autobus, alors que les cinq dernières rangées de bancs étaient réservées aux voyageurs 'solos', qui avaient le luxe de s'étendre les jambes sur tout le siège.

Curieux de nature, j'avais questionné un de mes confrères qui m'apprit que les seniors de dernière année avaient l'unique droit d'utilisation à ces bancs, alors que nous, les étudiants du secondaire 3 et moins (on se faisait appeler les *'éléments'*), devions nous satisfaire de ceux du devant, tassés comme des sardines. Légalement, nous devions être deux étudiants par banc, mais nous étions trois ou quatre dans les faits. Le chauffeur d'autobus était un autre des nombreux adultes de mon entourage quotidien qui aurait pu s'élever contre les abus sous son nez, mais choisissait de rester muet devant l'injustice.

J'étais curieux de nature, oui, mais j'étais aussi redresseur de torts, toujours prêt à aider les opprimés, comme les films de superhéros me l'avaient enseigné et le souvenir de la dégelée de mon frère.

Les *'Mannix'*, *'Dirty Harry'* et *'Batman'* étaient mes guides spirituels, surtout sans figure paternelle concrète à la maison. Leur message plus ***'... tapes dessus'*** que le ***'... laisse-les faire'*** de ma mère me plaisait bien. Je faisais moi aussi partie des opprimés (une équipe comme une autre ?), mais totalement inconscient de mon statut social. Je pensais avoir la justice morale de mon côté et être un vengeur naturel.

J'ai donc marché d'un pas décidé vers l'arrière de l'autobus pour exiger un partage équitable des places assises avec nous, les *'éléments'*, compressés à l'avant.

La confrontation fut brève mais intense... ma première commotion cérébrale d'un grand total de cinq dans ma vie. Mon premier saignement de nez aussi. Évidemment, personne dans l'autobus n'a rien dit, et les autres *'secondaires 5'* se sont mis à rire pendant que je retournais à mon banc les yeux pleins d'eau.

Le héros en herbe que je me croyais, avec mes pensées erronées de la bonté et de l'honnêteté inhérente de tous, avait mérité un coup de pied dans les dents avec cette histoire.

Je croyais innocemment que quelqu'un ayant la loi et la justice de son côté vaincrait les *mauvais*, qui eux, n'auraient aucune chance. Faux!

Ça n'arrive que dans les films.

Un chien, après avoir reçu quelques coups de journaux, commence à marcher le ventre plus prêt du sol et la queue entre les jambes... il faut croire que cet incident, l'équivalent de plusieurs coups de journaux sur le nez, n'a pas été suffisant pour me faire ramper comme un soumis. Il me restait un autre coup à recevoir avant de m'écraser, étant un peu plus tenace qu'un chien. Une fois à la maison, j'ai raconté l'épisode à ma mère, seulement très tard en soirée. ***'... ne t'en fais pas, ils sont jaloux.'*** Comme un deuxième direct au visage. Résultat: la routine.

Un baril de poulet frit bien gras du Colonel Sanders suivit du bon vieux ***'ne t'en occupe pas, ils sont envieux de toi!'*** une deuxième fois, au cas où je ne l'aurais pas enregistré la première fois. Tout à fait à l'opposé de ce que j'aurais aimé entendre. ***'Cogne-les!'*** ou tout au moins ***'Bravo! pour***

ton courage'. Ce soir-là, mon frère qui avait étiré son bras pour prendre la dernière cuisse dans le baril a eu droit à un avertissement sérieux de ma part. J'ai planté ma fourchette dans la table à quelques centimètres de sa main en pleine extension. Un bruit sec qui a fait arrêter tout pour un moment. Des statues dans une vitrine, immobiles. J'étais le plus vieux, le plus gros, celui qui venait de se faire humilier par les *bullies* et frustrer par ma mère... j'aurais donc le dernier morceau de poulet. Pas de négociations possibles. Pas d'explications à donner. Je l'ai eu.

Quelques semaines plus tard, la même gang de finissants plus âgés est en haut d'une énorme montagne de neige dans le stationnement du collège et ils défient les autres élèves de les descendre.

Encore une fois, je saute sur l'occasion de faire mon brave malgré une petite voix intérieure qui me criait à tue-tête, NON ! Je devais les confronter. Ils me jettent en bas de la montagne comme une poche de patates, me causant des fêlures aux côtes alors que mon sac d'école est lancé de l'autre côté, se vidant de son contenu en plein vol. Le coup de journal fatidique sur le nez du chien qui me fera prendre mon trou pour plusieurs années. Plus de confrontations. Les *bons* n'ont aucune chance contre les *mauvais*.

Je me mets à sérieusement craindre les possibles sévices physiques des *bullies* 24/7. Ces intimidations quotidiennes commencent aussi à se manifester sur mon humeur. Mes notes chutèrent tranquillement vers le 60 %, le minimum pour réussir mon année et une disgrâce pour moi. Mon insécurité et ma constante peur d'agression me rendent paranoïaque et insomniaque. Me lever chaque matin était devenu une corvée. Un énorme stress s'installait juste de penser au voyage en autobus et aux probables abus de la journée à venir. À partir de ce moment, j'ai commencé à totalement éviter le regard de n'importe quel étudiant plus âgé que moi lors des trajets d'autobus ou en marchant dans les corridors. Je me faufilais derrière l'école en fin de journée pour pouvoir attendre l'arrivée du bus scolaire en relative sécurité, caché. C'est le commencement de mon *pattern* de cachettes qui se continuera jusqu'à l'épisode du Grand Blond, trois années plus tard.

Ce type d'incident, quand j'y repense, me confirme qu'une présence paternelle est impérative pour un garçon. Une histoire d'équilibre. Homme-Femme, Action-Émotion, Chasse-Tricot. Simple.

Après quatre mois de ce régime, un autre incident se produit qui me fera quitter cette école pour de bon.

Mon professeur de latin m'avait frappé à la tête avec un livre pour une hésitation dans une de mes réponses, puis jeté par terre en me tirant par les cheveux quand j'ai répliqué au premier coup. Le directeur de l'école avait défendu ce geste malgré la plainte 'officielle' de ma mère qui avait pris ma défense pour une rare fois.

Elle le rencontre donc avec le professeur pour entendre que ***'Vous allez faire une moumoune avec votre enfant à le surprotéger de cette façon!'*** pendant qu'on sortait du bureau sous leur regard méprisant. Je ne me suis jamais senti surprotégé (bonne blague!!) et si survivre à des obstacles sans y laisser sa peau ça rend plus fort, je dois être au niveau d'un Hercule.

Elle m'a retiré aussitôt de cet asile de fous dirigé par des hommes qui abusaient de leur pouvoir pour écraser les enfants.

Ma mère m'a dernièrement dit avec fierté qu'elle m'avait ***'... sorti de là après seulement deux semaines, pour te protéger des abus.'***, alors qu'une rapide vérification de ma part grâce à des bulletins de l'époque que je possède toujours, me confirme que j'y ai effectivement été quatre mois et demi. De toute façon, ce fut ma dernière journée dans une école privée ou un pensionnat. Le fait que le compte de banque familial était bas coïncidait parfaitement avec mon sauvetage de la coûteuse institution privée par ma mère, pour un système public gratuit. Bonne chose malgré tout.

Un transfert à cause de sévices de certains élèves et enseignants à mon endroit qui est toujours dans mes dossiers officiels avec la mention : ***'… dû à un problème de comportement de l'élève Derek Vauquelin'.***

Je les aime les religieux !

Maintenant orphelin d'établissement scolaire, j'arrive en plein milieu de la session d'hiver 1978 dans une nouvelle école. Ma première année de secondaire sera une difficile période d'adaptation, passant du privé catholique de 600 étudiants, au public sans affiliation religieuse de 4500 étudiants.

Question apprentissage de la matière, tout est facile au début puisque les écoles privées m'enseignaient beaucoup plus, beaucoup plus vite. En avance sur le reste de la classe, toujours une année plus jeune, toujours aussi grassouillet et mal habillé, je me présente quand même confiant. Tellement sûr de moi qu'un matin je décide d'inventer une nouvelle mode : la clé de la maison attachée au *zipper* de mon pantalon ! Vraiment ! Ça n'a duré qu'une journée, parce que 1- le porte-clé rebondissait un peu partout quand je marchais, incluant sur mes fragiles parties ; 2- les élèves riaient encore plus que d'habitude sur mon passage ; et 3- le poids faisait descendre le *zipper* régulièrement.

Question méthodologie par contre, tout est ennuyeux. Le manque de stimulation fait dégringoler mes notes en bas de 40 % dans certaines matières.

Je me consolais en me répétant qu'Einstein était pourri à l'école par manque d'intérêt et de défis.

Je suis toujours isolé des autres élèves peut-être même un peu par choix maintenant, histoire d'éviter les abus ou les blagues. Si on est loin, on ne peut pas se faire toucher ; physiquement ou émotivement.

Les matins, angoissé par la possibilité d'arriver en retard, une situation qui me mettrait encore plus sur la sellette devant des étrangers, j'arrivais au moins une heure d'avance à l'école. J'ai beaucoup joué au *'25-cents-sur-le-coin-de-la-table'* ou à *'Solitaire'* avec mes cartes miniatures. Solitaire ! Très à-propos !

L'hygiène ou plutôt les problèmes sociaux reliés à celle-ci allaient me frapper en plein visage bientôt. Sans ménagement.

Une journée d'école qui commençait bien - elles commençaient toutes bien avant de dégénérer - un groupe de quatre filles qui attendaient avec moi pour entrer en classe de français me disent que je ***'... pue d'la gueule'*** tout en s'éventant avec leur main. Une douche froide. Je suis surpris et gêné... surtout surpris. Au même moment, mon groupe de tortionnaires habituel arrive et se met à me lancer toutes sortes d'insultes, mais ce que je n'avais pas vu est qu'un des *bullies* avait jeté un bout de cigarette allumée dans le rebord de mon pantalon. Pendant que j'endurais en silence les moqueries, ma jambe gauche a donc commencé à dégager de la fumée... Une des filles l'ayant remarqué à commencer à rire en pointant la source de la fumée. ***'L'gros pète le feu !'***.
Je suis parti en courant aux toilettes sous les rires en stéréo et me suis mis le pied dans l'évier, arrosant tout le bas de ma jambe.

J'ai eu droit à quelques autres commentaires et mauvaises blagues du même genre cette semaine-là toujours en rapport à mes cheveux et mes dents. Depuis ma naissance, je n'avais pas encore eu à affronter consciemment les problèmes de cheveux gras, pellicules, mauvaise haleine et dents tartrées. Ça n'avait jamais été mentionné chez moi.

Je ne suis pas sûr si ma mère était inculte face à mon hygiène personnelle ou simplement trop absente due à sa vie complexe. Probablement un peu des deux. La seule chose que j'ai apprise par le lien parental habituel a été le *truc* de ne pas avoir besoin de se laver la tête trop souvent appelé *le lavage de cheveux à sec*. Ce n'est ni plus ni moins que de se mettre de la poudre à bébé sur la tête et bien frotter, pour absorber l'huile, les rendant moins luisants. Wow! Quand je l'ai essayé pour la première fois en allant à l'école, on a remarqué que j'avais la tête poudreuse. Le commentaire qui avait fait déborder le vase seulement quelques jours plus tard: ***'T'as l'air fou l'gros... es-tu tombé dans coke?'***. Une phrase qui m'a fait prendre mon hygiène plus sérieusement. Assez c'est assez!

Vu que mon univers était ma maison et que j'étais toujours seul dans les endroits publics, mon unique point de repère était ma paire de parents, responsables de m'expliquer la vie et son fonctionnement.

Dans mon cas, 'paire de parents' équivalait à 'mère absente'. Pas de repères.

Les *pourquoi-du-quoi* de n'importe quel sujet ne sont pas transmis par les gènes. Ce qui ne m'était pas montré, je devais l'apprendre ailleurs, souvent en me cassant la gueule. Après ces mauvaises expériences de 1978 par contre, avant de partir pour l'école, je commence à me brosser les dents et prendre ma douche quotidiennement. Je voyais enfin la lumière: l'hygiène personnelle n'était pas seulement utile pour éviter les odeurs ou les problèmes médicaux, mais aussi pour avoir une meilleure chance d'être accepté en présence d'étrangers.

SE FAIRE METTRE DEHORS DU *WESTERN SQUARE DANCE* EST UNE RÉALITÉ TANGIBLE.

Avoir peur en présence d'autres gens ça travaille l'estime. Pire encore, j'avais peur d'avoir peur. Les sorties ne m'excitaient pas beaucoup quand il y avait possibilité de présence d'étrangers. Toutes les thérapies et les réflexions des dernières années m'ont aidé à mieux gérer ces sentiments, mais c'est toujours épineux aujourd'hui. Je suis un gérant plus efficace, mais définitivement pas un expert. Disons qu'il y a de meilleures journées que d'autres…

Ma nouvelle école, qui sera aussi le cadre de mes études pour les quatre prochaines années : la Polyvalente Gérard-Filion. J'y maintiens des notes de 80 % cette année-là, excité par le nouvel environnement et le fait que je ne suis plus un *bébé*, mais bien un *jeune homme*. Par contre, mon sentiment d'être jugé par les autres me scie les jambes à temps plein, côté social. Trop de remise en question pour créer des interactions.

En classe, je redeviens le préféré des profs après deux années de notes misérables dans les écoles privées, mais par la même occasion, le souffre-douleur des *bullies*.

Le bon côté d'exceller était que les élèves qui n'avaient pas nécessairement de facilité dans certains cours, mais qui n'étaient pas non plus des *nuls complets*, voyaient une opportunité d'utiliser mes habiletés. J'étais donc considéré comme un bon gars à côtoyer, mais seulement avant les examens importants. Mes excellentes notes étaient une façon comme une autre de briser la glace et commencer à se faire des connaissances. Marcher avant de courir !

Ça m'avait quand même pris plusieurs semaines avant de m'ouvrir même un peu.

La catéchèse reste encore l'une des deux matières où mes notes sont très mauvaises… 25 %. 'D' pour l'effort, 'F' pour l'intérêt, mais 'A' pour l'attitude en classe. Le contenu *Jésus*-ci, *Immaculée-Conception*-ça, je m'en foutais pas mal.

Même à 12 ans, j'étais trop pragmatique et scientifique pour croire au quatuor religion-fantômes-astrologie-*Ovnis*. Ç'aurait été de bonnes béquilles contre la peur de vivre une vie inutile et éphémère. Quelque chose de 'plus grand' ou de 'magique' pour soutenir un enfant dépressif-suicidaire comme moi aurait dû m'attirer. Mais non.

Mon autre matière faible était l'éducation physique. La *gym* ! Pas seulement parce que je ne peux pas grimper dans la fameuse corde pendue au beau milieu du gymnase frisquet même si c'était pour sauver ma vie, mais aussi parce que je suis trop gêné. La peur du jugement des autres. Jugement dû au fait d'être gros, d'être lent, d'être laid, d'être faible, de porter du linge désuet acheté dans un sous-sol d'église.

Je me demande encore aujourd'hui si je n'ai pas été plus traumatisé que je pensais par le prof du Collège Français qui nous lançait des balles de tennis. Un peu comme pour les *'chiens de Pavlov'* avec leur association cloche / nourriture… dans mon cas, une association inconsciente gymnase / humiliation ?

C'est cette première année que je rencontre une fille qui deviendra un jour lointain ma *blonde* réticente. Après seulement quelques jours dans ma nouvelle classe Chantale me dit que ***'… même si les élèves du groupe te trouvent excentrique, moi je te trouve fascinant.'***.

Entremêlés avec les problèmes de stress communs de début de secondaire, il y avait les actions de mes *bullies*, qui s'en donnaient à coeur joie. Je subissais en silence des attaques verbales et physiques qui semblaient vouloir escalader chaque semaine qui passait. Mon linge bizarre et mes bottes de poils qui avaient l'air de deux chiens morts faisaient l'effet d'une cape rouge dans une arène de corrida. Une fin de journée, la situation m'avait tellement apeuré que je m'étais caché sous un escalier de l'aile 'E' de la polyvalente pour éviter une rencontre avec un *bully* qui m'avait ciblé avec plus d'ardeur depuis le début de l'année.

Je suis physiquement retourné sous cet escalier seulement trois ou quatre fois durant l'année scolaire, mais j'y ai pensé, 150 jours sur 180. C'était rassurant de savoir que j'avais une cachette prête, où un grand carton me servait de tapis, pour toute éventualité. J'avais même, plus loin sous la dernière marche, un sac de plastique avec une lampe de poche, une bouteille d'eau et quelques sacs de chips… au cas où ! Sale et obscur, mais sécure. Heureusement, le concierge n'était pas très méticuleux.

C'est cette journée que j'ai eu la dure réalisation que la grosseur corporelle n'était rien en comparaison de la grandeur de l'estime personnelle.

J'aurais l'occasion de revisiter cette affirmation à quelques reprises durant mes années secondaires, avec des résultats très variés.

L'été de 1978, ma mère décide d'ajouter une activité complémentaire à mes explorations urbaines à vélo : le *Modern Western Square Dance*. Eh oui !

Elle m'inscrit dans un club anglophone de l'ouest de Montréal, en me disant que ce sera bon pour ma vie sociale.

Un gars de 12 ans qui commence bientôt le secondaire 2, déguisé en *cowboy* qui fait des *sets carrés*, menés en anglais par un *'caller'* qui nous dit quoi faire, avec sa mère comme partenaire par-dessus tout. Sûrement pas la première chose à mentionner à une fille que tu rencontres pour l'impressionner, mais c'était le meilleur truc qu'elle a trouvé pour me dégêner. Sincère geste de compassion envers moi, ou était-ce pour elle encore ? Tous comptes faits, je crois que ma mère aura été une grande contributrice au fameux chemin de l'enfer y ajoutant de nombreux pavés au fil de ma vie.

Le gars excentrique que j'ai été jusque-là est aussi bien présent lors de mon passage dans les rangs des membres de clubs de *Square Dance*. Une des premières choses que j'ai décidé de faire lors d'une de ces soirées est de modifier une veste de cuirette en y incorporant des lumières un peu partout, formant un grand dessin lumineux dans mon dos. J'avais une petite pochette à l'intérieur pour cacher les quatre batteries 9-Volts qui alimentaient les soixante-quinze *DELs* multicolores. Encore un gros merci aux *kits* d'électronique de *Radio Shack* et à la *Colle Contact*! J'étais convaincu que c'était une merveilleuse idée et que le reste des danseurs seraient impressionnés, ce qui me faisait pressentir d'innombrables félicitations dans un futur rapproché. Malheureusement, on m'a demandé de ne plus la porter après une seule fois pour ne pas transformer le *Square Dance* en cirque.

Quand même assez paradoxal pour une organisation habillée en *cowboys* à franges. Malgré ce premier rejet, étant une personne qui fonctionne avec des buts spécifiques et voulant toujours être le meilleur dans toutes les situations, je me lance à fond.

Ma nouvelle motivation: ramasser tous les écussons de mérite possibles. Pour un maniaque de listes comme moi, assoiffé de trophées en plus, c'était extraordinaire! Quand on se sent inutile ou invisible, ces listes sont impératives pour se prouver qu'on existe, qu'on est important. Elles te montrent concrètement que tu as quelque chose à faire ou quelque chose de fait. Leur système de badges, appelés *'dangles'*, est plus drôle qu'utile, pour rendre la pratique de l'activité plus divertissante. Épinglé sur leur poitrine, les danseurs ont un gros écusson de plastique avec leur nom gravé dessus, un peu comme les serveurs dans un restaurant. Sous cet écusson sont accrochées quelques petites rondelles, les *dangles.* Elles représentent des défis cocasses relevés par le danseur. Le système des Scouts, mais pour des *cowboys* dansants.

La première idée qui me soit venue à l'esprit quand j'ai pris connaissance de la liste des défis possibles fut de cocher les dix plus rapides à compléter. La deuxième idée qui m'est venue, plus une question technique en fait : est-ce que l'écusson de mon nom peut supporter cinquante *dangles*, ou devrais-je avoir deux écussons de nom avec vingt-cinq *dangles* chaque ? Je voyais grand.

Au moment de quitter le *Square*, je n'avais réussi qu'à mériter 11 *dangles* sur les 200 répertoriés, dont entre autres :

- *Black Cat*... mérité en dansant un Vendredi 13.
- *Church Mouse*... en dansant dans une église.
- *Witch*... en dansant à l'Halloween.
- *Night Owl*... en restant à une soirée de danse jusqu'à 3 heures du matin.

Ceux qui me manquaient avec grand regret :

- *Mummy*... mérité en enrobant le *caller* de papier de toilette.
- *Hawaii*... en dansant sur l'île d'Hawaii.
- *Royal Badger*... en collectionnant au moins 12 *dangles.*
- *Rover*... en voyageant plus de 1000 milles pour une soirée de danse.
- *Sons of Beaches*... en dansant sur une plage en costume de bain / bikini.

Les plus *WTF?* et par la même occasion, drôles :

- *Mr. Peanut*... mérité en lançant des arachides au *caller.*
- *Bridge*... en complétant une danse sur un pont.
- *Boot Snatcher*... en ôtant les bottes du *caller* pendant la danse.
- *Band-Aid*... en dansant avec une blessure 'sérieuse'.
- *Balloon*... en dansant avec des *ballounes* attachées aux lacets.

Des heures de plaisir.

Éventuellement, après trois ans, j'arrête graduellement d'accompagner ma mère aux soirées *westerns.*

Le plaisir de *faire mon show* n'y est plus et deux des danseuses que je pensais intéressées à moi commençaient à faire des blagues en anglais qui semblaient être à mes dépens. J'avais entendu des *elephant sperm* et *dancing porky* à quelques reprises quand elles croyaient que je ne les entendais pas. Même si je ne maîtrisais pas tout à fait l'anglais, ça sonnait mal.

À ma grande surprise, ma mère accepte mon éloignement soudain de sa danse adorée sans trop de réticence. J'étais soulagé de ne pas avoir à m'obstiner. Récemment, elle m'a appris que l'on m'avait ni plus ni moins montré la porte ; mis dehors. Les *Clubs de Square* que l'on visitait régulièrement trouvaient que je prenais trop de place… que j'étais trop flamboyant ! C'est quand même assez humiliant à apprendre. Comme se faire jeter dehors d'un motel '1-étoile' à cause de plaintes des autres locataires. Moi qui pensais leur faire honneur par ma présence, j'étais devenu *persona non grata.*

J'ai beaucoup voyagé en Ontario et aux États-Unis.

J'ai rencontré quelques jolies filles, mais ma gêne maladive avait empêché tous développements. J'ai assisté à plusieurs grandes conventions et soirées. En fin de compte, quelques années de *Square Dance* mémorables, de mon point de vue, mais ça c'est fini en queue de poisson. Il semblerait que j'étais trop *intense.* Mon costume de ballerine lors du dernier souper dansant d'Halloween semble avoir fait déborder le vase, à mon insu.

Une des nombreuses questions qui hantent mes journées, surtout depuis que je gribouille ces mémoires, est ***'Où sont mes bullies aujourd'hui ?'***. Je donnerais beaucoup d'argent, littéralement beaucoup d'argent, pour savoir ce qui est arrivé à mes *tortionnaires* du passé.

Les *bullies* sont comme la foudre, ils prennent toujours le chemin le plus court et le plus facile. Ils sont paresseux.

D'après mes théories, ils sont tout ou rien... des patrons riches qui abusent des employés et de leurs familles ou encore, des récipiendaires chroniques de l'aide sociale. Tout ou rien.

Pouvoir m'asseoir une ou deux heures avec le *merdeux* qui m'a fait saigner du nez dans l'autobus pour Saint-Bruno ? Avec plaisir. J'aimerais qu'il m'explique pourquoi. Quel était l'environnement familial qui le rendait tellement malheureux ? Assez pour détruire d'autres gens de cette façon ? J'ai souvent pensé, encore très récemment, à le retrouver et lui casser toutes les dents avec un bâton de baseball. Vraiment. Ou un genou ? Ce serait aussi satisfaisant. Peu importe, tant que quelque chose se brise et qu'il doive vivre avec le restant de ses jours. Ce serait satisfaisant momentanément de partager cette souffrance avec le coupable.

Après une séance de karaté au dojo, je me calme en me convainquant que ça ne servirait à rien de perpétuer la violence. Mon vide intérieur ne serait pas rempli par un renversement de rôles abuseur / abusé. Ils n'avaient probablement même pas conscience du poids de leurs paroles ou des leurs actes à cette époque. Mince consolation. C'est une colère que je sens toujours présente et qui, de temps en temps, me motive. Quand je cours, que je suis au dojo ou que je déplace un réfrigérateur, elle est là. Une émotion qui malheureusement me ronge aussi la santé par intermittence.

DU GRAND BLOND AUX GRANDS FRÈRES

En 1980, après un été passé à profiter de la cour de ma mère avec mes nouveaux amis, le secondaire 3 commence. Je suis beaucoup moins stressé que l'année d'avant puisque je ne suis pas seulement entouré d'étrangers. J'ai une gang à saluer dans les corridors ou avec qui m'asseoir pour *luncher*.

Je n'ai pas beaucoup d'assurance pour autant, juste un peu plus que les années précédentes. Une nouvelle année scolaire qui débutait avec la musique du tout nouveau poste rock de Montréal, *CHOM FM*, comme trame de fond. Il y a des logos de *VanHalen*, *Led Zeppelin* et *Styx* un peu partout incluant sur tous les *t-shirts* des ados *à la mode*. Tous les soirs au *'Top Ten at 10'* ce sera *'Stairway to Heaven'* et *'Suite Madame Blue'* qui seront les deux chansons les plus en demande, toujours #1 et #2, ou vice versa. Ce sera comme ça pour plusieurs années d'ailleurs.

Chantale est maintenant une de mes bonnes amies, mais elle n'a aucun plan romantique pour nous deux, malheureusement. Elle me disait que je la mettais trop sur un piédestal pour qu'elle me respecte comme *chum*. Un gars a le droit de rêver.

Grâce au programme extrascolaire *Midis-musique*, mon petit groupe d'amis va s'élargir avec l'addition de musiciens amateurs isolés. Ces amitiés se cimenteront tranquillement mais sûrement, jusqu'à la fin de mes études secondaires au fil des sorties et des spectacles musicaux.

En plus de mes amis réguliers, j'ai toujours quelques connaissances et voisins curieux qui viennent aux *Feux* en soirée. Ce n'est pas rare qu'il y ait deux ou trois inconnus en fin de semaine chez moi.

Quand je mentionne les *'Feux'*, je fais référence à une des routines marquantes de mon adolescence qui consistait à parler des heures et des heures autour d'un foyer improvisé en plein air, dans la cour arrière de ma mère, au beau milieu du défunt précieux jardin de Normand.

Une de nos premières soirées autour des flammes, lors d'une longue fin de semaine, le fameux jeu *'n'importe quoi dans la tente'* nous a germé dans la tête. Ça consistait tout simplement à se donner des moyens pour pouvoir explorer la sexualité ado c.-à-d. tripoter le sexe opposé.

Un de mes amis mieux équipés que moi pour le camping emporterait sa tente. Finalement, j'ai dû aller la chercher moi-même chez lui dans le quartier Rosemont. Quand même un bon trajet en métro, mais c'était excitant de penser à la soirée qui approchait. Je reviens seul du voyage avec le gros *kit* de tente Louis étant malade, mais une fois arrivé à la station de Longueuil, je réalise que je n'ai pas d'argent pour prendre l'autobus. Mon instinct de débrouillard s'enclenche très vite. Mon raisonnement: un chauffeur d'autobus est un employé syndiqué avec qui on ne peut négocier, mais un chauffeur de taxi par contre est un entrepreneur privé avec qui l'on peut arriver à une entente. Comme monnaie d'échange, je n'ai qu'un *BIC* que Louis m'avait remis pour donner à Pierrot et une montre *Casio-quartz* à 3 $ qui ne fonctionnait pas. Je prends mon courage à deux mains et approche une des voitures taxis pour essayer de troquer mes deux possessions contre un voyage jusque chez moi, espérant qu'il y a un peu d'empathie encore sur la planète. ***'Excusez-moi de vous déranger monsieur, j'aurais besoin d'un lift, mais je n'ai pas d'argent.'***

Le chauffeur se tourne vers moi et je suis aussitôt frappé par sa laideur. Je pensais qu'il portait un costume d'Halloween des mois d'avance. Sans blague.

Il avait de drôles de dents croches, une peau boutonneuse et des cheveux pêle-mêle. Ses sourcils avaient l'air de chenilles, même ses globes oculaires étaient jaune-sale. À mes yeux, il donnait l'impression d'un clochard avec une maladie cutanée. Mon choc n'a duré qu'une seconde puis je me suis aussitôt ressaisi. Son *look* n'était pas important de toute façon. Je ne voulais pas être jugé par les autres pour mon *look* et je n'allais sûrement pas reproduire le *pattern*.

Il me fixait sans parler puis fit un sourire en coin au moment où je lui tendais la montre et le briquet. Avant même que je puisse compléter la proposition, il m'a donné une leçon de vie que je n'ai jamais oubliée. ***'Embarque bonhomme. Où on va?'*** tout en continuant à sourire.

Pendant le trajet, je lui expliquais que ma montre ne marchait pas, mais qu'il pouvait revenir chez moi le lendemain et je le paierais, ***'... double tarif s'il faut. Ça m'ferait plaisir. Vous me sauvez monsieur.'***. Il était toujours muet et souriant. Un tueur en série? Ah, l'imagination... Arrivé à destination, avant même que je puisse continuer à le remercier, il a ouvert la bouche et à ma grande surprise, il parlait un français impeccable. Comme un professeur de littérature. ***'Je ne veux rien pour la course fiston, c'est un cadeau. Garde ton BIC et ta montre, mais tu dois me promettre de rendre un service à quelqu'un qui te le demandera dans le futur.'*** J'étais bouche bée!

Nous avons sorti la tente du coffre arrière et il m'a serré la main. Il était tout p'tit, tout maigre, l'air de rien, mais dégageait une joie de vivre et une confiance indescriptibles. J'étais envieux de son bien-être. ***'N'oublie pas ta promesse fiston, et bon party!'*** Puis il est parti. J'étais déjà serviable et poli depuis ma naissance, même trop parfois, mais ce soir-là j'ai eu la confirmation de mon 'père adoptif de trente minutes' que c'était une bonne chose. Merci monsieur l'taxi! Ça prend plus de gens comme vous sur la terre.

La tente *2-places* était installée pour les trois jours de congé en retrait des regards indiscrets, dans le coin de la cour. Une fois le soleil couché, on pouvait y aller en couples déterminés théoriquement à l'aide d'un système de pige. Une paire d'ados aux quinze minutes qui allaient *jouer* en privé. Puis, après une première heure d'exploration générale, on pouvait y retourner avec les personnes de notre choix si elles étaient aussi intéressées à *jouer* un peu plus avec nous. Une deuxième ronde d'élimination. Le *speed dating*, *Match.com* et *Tinder* à l'état embryonnaire.

Évidemment, tous se tripotaient sauf moi. ***'Trop téteux Derek…'*** disait Pierrot, affectueusement.

J'étais tout excité de pouvoir parler de la qualité de nos profs ou de poutine ou encore de météo, en privé et en sécurité. En fait, juste de pouvoir échanger sans retenue avec un autre être humain du sexe opposé dans un contexte relaxe me satisfaisait comme préambule à du tripotage plus tard. Beaucoup plus tard, *téteux* oblige. Mon réflexe était d'avoir une connexion mentale avant le bécotage. Ma vision n'était pas répandue. Je me souviens entre autres avoir commencé un débat sur la sauce des poutines du Charolais à savoir si elle était plus *poulet*, mais foncée ou si elle était plus *boeuf*, mais pâlotte. Discussion vraiment insipide et déplacée pour une situation qui aurait dû me donner l'occasion de découvrir enfin une paire de seins - autre que celle de ma nanny quand j'avais 7 ans - ou de tester un *french* et son effet sur le métabolisme adolescent.

Le lendemain d'une session dans la tente, tous partageaient leurs diverses indiscrétions et explorations en petits groupes - un secret est une chose partagée avec une personne à la fois! - puis attendaient impatiemment d'entendre celles des autres. Qui avait fait quoi, précisément, avec qui?

Mes amis, eux, se vantaient d'avoir *passé-le-doigt* ou *tripoté* telle ou telle fille dans la tente et, même si seulement 25 % étaient probablement vrais, c'était 25 % de plus que ce que j'avais fait moi-même. Chaque fois qu'on me posait la question, je devais décider de mentir ou d'avoir l'air d'un retardé social. Je mentais toujours.

Les filles faisaient la même chose de leur côté tout en ajoutant une fois arrivées sur mon cas, comment ***'Derek voulait jaser du professeur de mathématiques au lieu de frencher'*** ou encore ***'Il s'est sérieusement mis à débattre d'la couleur d'la sauce à poutines… j'te jure!'***. ***'Ça fait pas des enfants forts!'*** comme dirait ma mère.

Depuis la toute première journée du secondaire 2, le *bully* qui m'avait ciblé avec beaucoup plus d'assiduité que les autres était un grand maigrelet aux cheveux longs. Il m'avait pris en grippe pour une raison inconnue… mon premier vrai *bully* quotidien. Je l'appelais 'affectueusement' le Grand Blond.

Toutes les occasions où l'on se croisait dans les corridors - et que j'étais seul - il me lançait des commentaires dans le genre ***'Hey! v'la Jabba l'gros lard.'*** ou encore ***'La grosse tout-trempe arrive, accrochez-vous!'***. Quand il se sentait un peu moins inventif, il faisait le classique cri du cochon 'à-la-*Deliverance*'. Oink, oink… J'ai oublié pas mal de ses conneries, par instinct de survie, je suppose. Grâce, ou plutôt à cause du Grand Blond, j'ai commencé l'année avec un Bang! Non planifié, mais très explosif.

Ça faisait déjà près d'un an que je craignais à chaque journée d'école de le croiser, et c'était devenu très lourd.

Quand ça arrivait, je baissais la tête en feignant de ne pas l'entendre. Il me poussait dans ces cas-là parce qu'il détestait se faire ignorer. Ou, je prenais des détours planifiés pour l'éviter. Les mêmes techniques que j'avais développées au primaire lors de mes passages dans les écoles privées. Personne ne venait à mon secours... jamais. Ils ne voulaient pas de problèmes avec le *fier-à-bras* attitré de l'aile 'B'. Il fallait que je me débrouille seul. En plus, j'avais le gabarit pour me défendre, étant beaucoup plus imposant physiquement que mes tortionnaires ou possibles sauveteurs. Mon cerveau ne le savait juste pas.

Les *bullies* ne choisissent pas leurs victimes en fonction du volume corporel, mais bien en fonction du volume d'estime. J'étais donc une cible parfaite. Une minuscule cible qui s'adonnait faire osciller la balance à plus de 260 livres sur une hauteur de 6'2".

Je n'avais pas eu à trop entendre de stupidités de mon *bully* et de ses deux acolytes depuis quelques jours consécutifs et je me sentais, un peu, en vacances. Il faut être peureux et déséquilibré pour être un *bully*, mais pour être lèche-cul du *bully* en question qu'est ce qu'il faut ? Être retardé en plus ?? À élucider !

Tout ça pour dire qu'un beau matin ensoleillé, étant un des *chouchous* du prof de français, je m'étais vu accorder la mission d'aller chercher une pile d'examens corrigés à la salle des profs. J'avais eu une passe spéciale pour pouvoir circuler sans problèmes puisqu'aucun élève sans permission ne pouvait flâner dans les couloirs pendant les cours, théoriquement. Pour aller de ma salle de classe de l'aile 'C' jusqu'au local des profs, je devais marcher toute la longueur du corridor des cases de l'aile 'B'. Le seul trajet possible pour ne pas sortir dehors et y rester pris pour la journée. Je suis donc parti en mission d'un pas léger, convaincu que j'allais circuler dans des couloirs déserts.

Aussitôt arrivé près du corridor de l'aile 'B', j'ai commencé à entendre des voix et des rires à gorge déployée. Puis je les ai vus en tournant le coin.

D'un côté, des cases jaunes cadenassées à perte de vue, remplies de manteaux, boîtes à lunch et affiches de *Led Zeppelin* ou *Wonder Woman*. De l'autre, de grandes fenêtres avec une bordure assez large qui servait de banc de temps en temps. La lumière pénétrait par ces fenêtres et rendait les cases encore plus jaunes et *fluo*. Assis en plein milieu du corridor sur cette bordure, le Grand Blond et ses deux associés en plein conciliabule. Je me suis arrêté tout de suite et ils m'ont aussitôt repéré.

Ils ont commencé à chuchoter entre eux en me fixant, sachant très bien que ce couloir était le seul chemin possible que je pouvais emprunter.

Plusieurs images volaient dans ma tête. La fois où ils avaient mis de la colle dans toutes les poches de mon manteau lors d'un cours d'éducation physique. Ou quand l'un d'eux m'avait brûlé la paume de la main avec son *BIC* pendant que ses trois amis me tenaient de force malgré mes cris à l'aide. Tous mes lunchs volés ou jetés aux poubelles. Des images et des sentiments inoubliables qui me suivront toujours.

'Fais nous pas passer pour des caves en répondant à toutes les questions du prof Gros lard!' m'avait dit le pyromane.

Pas le choix et tanné de résister de toute façon, j'ai baissé la tête, résigné, armé de ma bulle de protection intérieure. J'étais prêt à endurer une pluie d'insultes, espérant ne pas me faire trop bousculer. Je me suis mis à marcher d'un pas rapide en fixant le sol. J'avais eu quelques semaines de répit après tout. Je fredonnais encore *'Johnny B. Goode'* pour noyer le bruit de leurs paroles. *Go, go, Derek go!...* Je pensais déjà au fait que je devais revenir avec les papiers de mon prof quelques minutes plus tard. Deux marches de condamné pour le prix d'une.

Une fois arrivé à quelques pas d'eux, le Grand Blond a crié ***'Hey Vauquelin, la compagnie CRISCO a appelé... ils se cherchent un porte-parole pour leur graisse en pot!'***. Les trois se sont mis à rire. Je fixais toujours le sol.

Même aujourd'hui, je n'ai aucune idée de ce qui m'a pris, ce qui s'est passé dans ma tête, le *pourquoi-du-quoi*. Une sorte d'expérience extra-corporelle où je voyais la scène comme un spectateur.

Je ne peux que supposer, me connaissant, que ce fut un de ces moments *'Fuck It!'* comme dans les films où le personnage principal sert cette réplique avant de tout abandonner... ou de tout démolir. Un genre de moment *penture* dans une vie où plus rien d'autre ne comptait tout d'un coup. Si je ne fais rien, le mieux qui peut arriver est que ça continue tout mon secondaire. Si je fais quelque chose le pire qui puisse arriver c'est que ça continue tout mon secondaire. Pure logique. Rien à perdre, possiblement quelque chose à gagner.

J'ai arrêté de marcher net, à la hauteur des trois gars. Je me suis tourné vers le Grand Blond sans même le regarder - je regardais *au travers* de lui - je l'ai empoigné par la chemise et l'ai projeté de l'autre côté du corridor. Son dos et sa tête ont fait un Bang! sec en atterrissant sur une des portes de métal jaune, après un vol plané de deux mètres. Un écho sourd dans le couloir vide qui stoppa instantanément les rires. J'ai eu l'impression de vivre toute la séquence au ralenti. En réalité, le tout a probablement duré deux secondes même si ça m'a semblé durer dix minutes.

Plus je me raconte cet évènement et plus le vol plané est long. Sur mon lit de mort, le gars va avoir traversé le corridor au complet dans le sens de la longueur!

J'ai relâché sa chemise au moment de l'impact. Il avait un air éberlué, visiblement une nouvelle expérience pour lui. Il m'a regardé et a senti que j'avais la tête moins baissée et le dos moins courbé que la minute d'avant. Mon changement d'attitude était palpable. Le fait que je mesurais 6 pouces et pesais 60 livres de plus que lui semblait aussi avoir fait un chemin jusqu'à son cerveau.

Je suis parti d'un pas décidé, les jambes molles comme des spaghettis. Mon coeur battait 200-à-la-minute, convaincu de recevoir une réplique physique des gars, ou tout au moins une menace verbale. Rien. Juste mes pas qui résonnaient, et mon pouls dans les tympans. Est-ce que le corridor était plus ensoleillé tout d'un coup? Je pense que oui. À mon retour avec la paperasse du professeur, les gars n'étaient plus là.

Je suis certain qu'aucun de ces trois gars ne s'est vanté de cet épisode du reste de leurs carrières d'abuseurs. Mais c'est arrivé exactement comme ça. Je ne me suis plus jamais fait adresser la parole par eux pendant le reste de mes trois années scolaires au niveau secondaire. Je m'étais libéré avec un geste irréfléchi de deux secondes. Un des plus beau et inexplicable jours de ma vie. Merci, Grand Blond, de m'avoir poussé à bout!

J'ai eu la chance de le revoir, quatre années plus tard, mais c'est une autre histoire, tout aussi inattendue et inexplicable.

Je finis ma troisième année de secondaire avec une moyenne de 85 %... ***'I'm back baby!'***.

Ma mère accepte enfin qu'une présence mâle dans la vie d'un garçon est probablement importante et formatrice. Elle décide de m'inscrire sur la liste d'attente des *Grands Frères de Montréal.*

Un organisme mis sur pied pour permettre aux jeunes garçons sans père de rencontrer des hommes désireux d'impacter leur vie. Une forme d'agence de rencontre père-fils. Une belle idée sur papier qui est sûrement utile pour des milliers d'enfants encore aujourd'hui. Dans mon cas par contre, ça n'a pas été un succès. J'ai fait la connaissance de trois Grands Frères en deux ans. Trois échecs pour moi.

Le premier élu était d'origine marocaine et membre d'un genre de secte appelée '*Eckankar*: la religion de la lumière et du son de Dieu'. *WTF?* Origine marocaine, pas de problèmes avec ça! Membre d'une religion 'X', gros problèmes avec ça! Dès notre première rencontre, il essaie de me convaincre de m'y joindre comme *associé junior*. Au lieu de faire des sorties père-fils au Stade Olympique pour un match des *Expos* ou au Zoo de Granby, comme le reste des Grands Frères, il me donne des cours de vente d'ionisateurs portatifs, histoire que je puisse en distribuer pour lui à mes amis et connaissances. J'aurais eu une *cut* de 10 % sur le total de mes ventes. Non merci ! Par contre, c'était un visionnaire : il m'expliqua ***'qu'un jour les micro-chips seront tellement performantes qu'ils nous permettront de mettre les hymnes nationaux de vingt-sept pays sur une clé aussi petite qu'un carton d'allumettes. 27. Pas 26, pas 28.'*** insistait-il. Évidemment, il parlait d'éventuels *I-Pod* et *MP3 players*, vingt ans avant leur commercialisation. Quand même impressionnant ! Notre relation père-fils n'a pas duré longtemps… pas de connexion émotive.

Le deuxième Grand-Frère ne s'est jamais présenté aux quatre différents rendez-vous que nous avions, ayant toujours une bonne excuse. Ça n'a donc jamais commencé.

Le troisième était un gardien de prison qui collectionnait des photos de scènes de crimes sanglantes et adorait me les montrer. Je me souviens entre autres du meurtre d'un détenu dans lequel l'arme était un tournevis *maison*. La victime avait le crâne vide alors que des bouts de cerveau et du sang étaient étalés partout dans les douches de la prison.

Des dizaines de photos plus intenses les unes que les autres, évidemment interdites aux civils ; encore plus aux civils mineurs, je suppose. Mais mon trauma initial s'est vite transformé en fascination. Était-ce le début de ma passion pour les maquillages morbides et le côté *spectacle* des scènes sanglantes ? Fort possible.

Quand il a commencé à parler à ma mère au sujet d'adopter ma jeune soeur - qui n'était définitivement pas sur le marché de l'adoption après toutes les péripéties légales qui l'avaient entourée - nous avons coupé les liens instantanément avec lui.

Trois Grands Frères en deux ans. Il faut croire qu'on y allait pour la quantité pas pour la qualité.

RISKY BUSINESS À LONGUEUIL *BEACH*

Je suis devenu un *pimp* à 14 ans !

En fait, *'pimp'* n'est probablement pas le bon mot pour un innocent homme d'affaires qui loue des chambres *à l'heure* à des clients aux hormones suractives ! Mais le mot est plus imagé que simple *loueur de chambres*. Ça sonne plus *cool*!

Je dormais au sous-sol dans une pièce relativement grande qui avait été insonorisée pour une raison quelconque, peut-être pour me rendre encore plus invisible aux adultes qui dormaient au rez-de-chaussée. Mais au moins, j'avais la paix moi aussi. En comparaison de mes amis, qui habitaient tous avec leurs parents dans de petits appartements, mon domicile était un spacieux havre de tranquillité parentale à leurs yeux.

Même mon lit était unique et envié. Un grand rectangle de mousse acheté chez un rembourreur et déposé sur une feuille de *plywood* 4' x 8'… 7x grosses briques grises servaient de pattes. Un lit *King* pour une fraction du prix.

C'était un paradis pour ébats sexuels adolescent et donc totalement inutile pour un puceau maladroit comme moi.

J'avais une *Ferrari* sans permis de conduire, ni plus ni moins. Aussi bien que ça serve à quelqu'un.

Nous n'étions pas tous *sans l'sou,* mais les fumeurs qui l'étaient trouvaient toujours un moyen de se procurer des cigarettes malgré leur manque de fonds. Soit en les demandant à leurs parents ou en les 'empruntant à long terme', tout simplement.

Les parents de Pierrot, entre autres, achetaient des dizaines de *cartons* à la fois quand ils visitaient la réserve de Kanesatake, ce qui devenait son magasin personnel. Mes amis avaient donc des cigarettes sur une base régulière, mais pas d'endroits appropriés pour 'connaître' leurs *blondes* bibliquement. Un problème auquel j'allais remédier facilement de façon totalement accidentelle et qui me servirait de cours d'introduction à l'*entrepreneuriat 101*. Ma mère aurait été fière si elle avait su. Un fiston entrepreneur comme son papa!

Louis était mon meilleur ami du temps et avait commencé à fumer l'année d'avant. Contrairement aux autres, il était toujours en manque de cigarettes et d'argent, mais étant sans scrupules. Il allait abuser de mon côté *père-poule* bientôt pour régler son problème. Un samedi après-midi plus ennuyeux que d'habitude, nous étions tous assis dans le sous-sol, trois couples en plus de Louis et moi. Une des dernières fins de semaine avant de déménager dans ma nouvelle chambre.

Pierrot était en train de *frencher sa blonde* du moment alors que je croise son regard totalement par hasard. Il l'embrassait les yeux grands ouverts en cherchant délibérément à attirer mon attention. Il me montre un paquet de cigarettes avec sa main libre, le branlant dans les airs derrière la tête de Nicole. Il 'pointe' ma chambre à l'aide de quelques mouvements latéraux de ses globes oculaires et se remet à les branler. Louis remarque notre 'conversation' et me chuchote à l'oreille ***'Il veut louer ton lit contre des cigs Derek… come on… dit oui!'***.

Un peu coincé entre l'air désespéré de Pierrot et le regard supplicateur de Louis, je prends le paquet de ses mains, qui est aussitôt repris par Louis sachant que je ne fume pas. Pierrot arrête sec d'embrasser Nicole, lui murmure trois mots à l'oreille puis ils s'engouffrent dans ma chambre, refermant la porte derrière eux.

Jour 1 de la maison de débauche payante. L'offre et la demande à l'oeuvre. J'aurais pu faire beaucoup d'argent en restant dans le domaine de la location de chambres aux mâles désespérés, mais j'ai décidé de changer de direction. Le film *'Risky Business'* avec un jeune Tom Cruise en étudiant universitaire qui gère un bordel dans la maison parentale m'a influencé négativement n'ayant pas vraiment envie d'éventuellement négocier avec des mafiosos pour récupérer les meubles de ma mère.

J'ai donc fermé mon entreprise de maison de débauche après seulement un mois, au grand désespoir de Louis qui allait devoir trouver un nouveau fournisseur de cigarettes gratuites.

Quelques années plus tard, il m'a emprunté 500 $ pour je ne sais quelle raison puis ne m'a jamais plus parlé. Solide amitié.

Dire que c'est cet ami avec qui j'avais fait le rituel des *'Frères de Sang'* quelques mois auparavant. Le terme *SIDA* n'était pas vraiment connu en 1979 et ce rituel était relativement fréquent… à ce qu'il m'avait dit. Louis avait consommé un peu trop de bière et n'avait plus tout à fait un bon jugement en ce qui concerne la force à utiliser pour faire une 'légère' incision. Lame de rasoir au niveau du pouce, mélange de notre sang en poignée de main mâle, voyage à l'urgence en autobus vers Montréal pour que mon ami se fasse recoudre, car on nous avait refusés à l'hôpital de Longueuil.

'Ça vous prend une preuve d'adresse les jeunes!'

'Mais mon ami reste à Montréal, il va mourir au bout de son sang madame!'

'Qu'y aille mourir à Montréal si y'a pas la paperasse!'

'Frères de sang'! Comment se compliquer la vie avec toutes les étapes typiques d'une connerie d'adolescence.

Entre deux sessions scolaires, pourquoi pas le *Camp Scientifique Rolland-Bastien?* Frère Rolland Bastien. Encore une patente d'instruction chrétienne!

Je commençais à trouver que pour une maison athée avec des livres de vaudou, de psychanalyse et d'*Ovnis* dans la bibliothèque, on donnait pas mal d'argent à l'Église catholique et ses diverses branches.

De mon point de vue, c'était du *dumping* de responsabilité parentale. Deux semaines de vacances de plus pour ma mère.

Je pensais faire mon camp en météorologie et j'avais donc tout préparé dans mes bagages, mais à mon arrivée là-bas on m'a annoncé que j'allais plutôt faire l'étude des ***'... milieux de vie, faune et flore, en eau stagnante.'***, et ce, sur un mètre carré. Oui monsieur! La limnologie. Tous mes thermomètres, baromètres et manuels de météo seraient inutiles. Tellement assidu à m'arranger seul, j'étais trop prêt, trop rapidement.

Au moins, je repartais à neuf puisque personne ne me connaissait. Le souffre-douleur des *bullies* ou le puceau n'existaient pas encore dans leur tête. La première impression de tous fut que j'étais intelligent, mais surtout grand. On jouait au volleyball avant tous les repas et ça faisait de moi une commodité désirable. J'étais un *smasheur* de ballon, presque une vedette, définitivement du nouveau pour moi. Je n'étais plus le dernier choisi quand venait le temps de faire des équipes. Comme partout où j'allais, je deviens observateur et non participant aux divers bécotages des couples éphémères, formés par des scientifiques *en herbe* moins intéressés à la chimie et la biologie que moi.

Après deux semaines de faune et flore intenses, je me mérite un beau certificat noir et blanc à mettre sur mon mur de chambre. Parfait! Jamais trop de *tapes-dans-l'dos*.

Grosso modo, ça a été un séjour plaisant et avec des étrangers en plus.

Je sentais de l'amélioration côté social.

En bonus, je suis sûrement un des rares ados de 14 ans sur la planète à avoir vu ses spermatozoïdes voyager au travers de la lunette d'un microscope électronique de 29 000 $. Fascinante observation pour un scientifique dans l'âme.

Aussitôt revenu du camp d'été, Normand me fait travailler à temps plein sur la finition du deuxième étage auquel il ne manque que quelques tringles, de la quincaillerie et les tapis. J'ai aussi eu droit à une vue plus intime du *vrai* menuisier / ex-amant / locataire de ma mère à mon deuxième jour de retour du camp de science.

Pipo, mon beau chat blanc tacheté *caramel* est tué par Normand lors d'une manoeuvre de stationnement hâtive. Il entre dans la maison et m'annonce avec un ton tout à fait normal que ***'… ton chat est écrasé dehors'*** puis il s'en va dans sa chambre. Il a laissé Pipo, mortellement blessé avec un oeil littéralement sorti de sa tête, pédalant comme un *break dancer* dans une marre de sang. Notre relation n'était déjà pas trop cordiale et c'est cet évènement qui l'a fait basculer dans la haine. Je ne voulais pas mettre fin à ses souffrances en l'achevant moi-même et j'ai donc dû attendre qu'il meure en le regardant, trop démuni pour l'aider. Le supplice a duré près de 10 minutes. Une image difficile à oublier que cette toupie ensanglantée. Elle est scellée dans ma tête avec les autres mémoires négatives reliées aux hommes en général. Probablement un des jours où j'ai le plus détesté quelqu'un.

Le temps où j'avais volé des pendentifs au *Zellers* pour les lui donner à la Fête des Pères était loin… très, très loin !

J'ai moins de temps pendant la journée pour profiter de l'été avec mes amis du secondaire, mais les feux dans la cour battent leur plein quand même en soirée.

Même Jean, Pierrot et Louis participent aux travaux de finition de ma chambre de temps en temps, ayant aussi hâte que moi de pouvoir l'utiliser pour leurs besoins personnels. Nous étions tous d'accord pour dire que ce serait extraordinaire. Plus un *bachelor* qu'une simple chambre, avec salon et salle de bain privés, indépendant du rez-de-chaussée. Si ses murs pouvaient parler!!

Une entrée privée est prévue pour l'année suivante, toujours utile quand tes amis arrivent et partent à toutes heures du jour et de la nuit avec des *blondes*, des condoms, des caisses de bière ou des joints.

La seule fois où j'ai mis les pieds dans un 'bar de danseuses' a été avec ma gang des *Feux*. Notre destination ce soir-là, l'unique *Aquarium du Sexe*! Superbe nom côté marketing, mais un peu bas de gamme. Mes amis m'avaient convaincu avec quoi d'autre que la possibilité de m'empiffrer comme s'il n'y avait pas de lendemain. Cet établissement offrait un buffet *all-you-can-eat* de spaghetti et d'ailes de poulet. Wow! J'embarque!

En rentrant dans l'énorme pièce sombre et emboucanée je remarque tout de suite l'aquarium de leur nom, immense, bien éclairé de l'intérieur. Il y avait déjà une jolie sirène nue qui s'y trémoussait sensuellement par tranches de 30 secondes, histoire de remonter prendre son souffle. Il y avait aussi des dizaines d'écrans qui diffusaient des films pornos et deux scènes où des couples s'adonnaient à toutes sortes de *patentes* pas catholiques. J'ai penché la tête et me suis dirigé jusqu'au buffet...

Ils ont souvent essayé de me faire rentrer au *Doric* de Longueuil, mais sans succès. Une fois fut assez pour moi. J'avais trop d'empathie pour les danseuses lancées dans l'arène. Zéro plaisir à voir les gens souffrir.

Ma première *blonde* est tombée du ciel à l'automne 1980. Et par la même occasion ma première expérience sexuelle *non solo* aussi. Enfin ! J'étais un peu découragé de regarder mes amis bécoter avec leurs conquêtes respectives, en voyeur, servant de troisième ou de cinquième roue lors des sorties. Pire, à plus de cinq participants je devenais le *teneur de sacoches.* À *La Ronde*, tous s'amusaient et je suivais comme une patère remplie de sacs et manteaux.

J'avais déjà remarqué Johanne l'année d'avant car on jouait de la musique ensemble, deux journées par semaine, avec le groupe *Midis-musique*. Elle : trompette. Moi : saxophone. Trompette dans le vrai sens de trompettiste, pas dans le sens que mes amis le sous-entendaient en me taquinant. Par contre, quelques mois plus tard je dus leur donner raison. Elle jouait en virtuose. Émotivement et socialement, elle me rappelait moi avant que je me sois fait des amis. En retrait, un peu gênée, tristesse bien dissimulée, assoiffée de contacts humains. Moi, en version fille.

Je dois admettre que ses jeans serrés et sa merveilleuse poitrine, ni trop grosse ni trop petite, avaient aussi contribué à piquer mon intérêt au début. Elle avait un *bounce* incroyable qui me faisait me demander chaque fois que j'y jetais un oeil subtilement, si elle faisait exprès. Peu importe l'intention ou non, personne ne se plaignait, surtout pas moi.

Johanne me dérangeait positivement, sur tous les plans. En plus, elle était un *cerveau*. Des 90 % sur toute la ligne dans nos bulletins scolaires respectifs. Éventuellement, au fil des semaines de *Midis-musique*, nous sommes devenus amis. Elle s'est jointe à nous lors des *Feux* où elle a commencé à mieux connaître ma gang régulière.

Un de ces soirs, je savais qu'elle devait malheureusement partir pour 19:00 puisqu'elle gardait deux enfants pas très loin de ma maison. Malgré sa courte apparition, j'étais extatique qu'elle ait accepté mon invitation à venir chez moi encore une fois. Le début de la soirée était prémédité ; la fin, totale improvisation par contre. Nous nous étions entendus pour manger une bonne poutine, tous assis autour des flammes, à jaser de nos futures vies respectives puis que j'irais la reconduire à pied à l'appartement où elle gardait. Elle était venue en vélo et ça me donnerait ainsi l'occasion d'être galant en l'aidant à le monter jusqu'au troisième étage de l'édifice.

Nous avons donc marché jusque-là, faisant rouler la bicyclette à côté de nous. Ballade plaisante, causette légère ; c'était évident qu'on s'entendait bien. Quand je suis arrivé à l'appartement '308' avec le vélo sur l'épaule, Johanne était déjà en pleine conversation avec la mère des deux enfants à surveiller. Elle lui explique que je suis un ami et ne resterai que quinze minutes pour prendre un verre d'eau et utiliser les toilettes, si nécessaire. ***'Pas de problème Johanne… on ne reviendra pas avant minuit. Ton ami est le bienvenu!'*** Dix minutes après le départ des parents, nous avions complètement délaissé le programme de télé pour s'embrasser et se tripoter comme s'il n'y avait pas de lendemain.

J'étais novice, mais l'instinct fonctionnait parfaitement ; elle avait l'air plus habituée que moi à ce genre d'activité. L'interlude a fini avec mon premier orgasme *sous-jeans*, ce qui a rendu le retour jusqu'à ma cour un peu inconfortable, mais combien extraordinaire ! Je marchais pratiquement de reculons puis suis resté assis pour le reste de la soirée, essayant de dissimuler les preuves. J'avais enfin une vraie *blonde* et elle était *déniaisée* ! Mon talent de chevalier servant pourrait être mis à profit. Je me sentais un peu moins *loser* pour l'instant.

Je commençais donc le secondaire 4 en couple, toujours à la Polyvalente Gérard-Filion. Une nouvelle année scolaire avec tous mes amis établis, une confiance fragile, et une fille voluptueuse à mon bras.

La vie était belle ! Les nuages laissaient passer un peu de rayons de soleil.

Mon côté scientifique toujours aussi présent, je me mets à la fabrication d'un laser Hélium-Néon de 50 *Megas Watts* à présenter à l'*Expo-Sciences* de Longueuil 1980. Je réussis même à convaincre le directeur de l'école de financer le projet à l'aide d'un plaidoyer plein de passion appuyé par un dossier étoffé... 780 $. Je commande des miroirs spéciaux en France, semi-réfléchissants, en envoyant une lettre écrite avec ma vieille *dactylo* portative. Je confie mon plan de tube cathodique qui contiendra le mélange de gaz à une entreprise de ville Saint-Laurent où les ingénieurs sont éberlués de voir un jeune adolescent construire un laser, sans vraiment de but autre qu'une exposition scientifique.

Ces deux commandes me laissent donc quelques semaines pour fabriquer le *corps* de mon projet, le système de courant électrique ainsi que les contrôles.

Mes amis me trouvaient soit fou soit extraordinaire de m'attaquer à un projet de cette envergure en plus des études quotidiennes.

'T'es malade man !... fuck that.'

'Un laser ?... genre James Bond ? T'es maso Derek.'

'Wow, Vauquelin t'es un hot... j't'admire tellement.'

'Un futur Einstein !'

Mais moi ça me motivait d'avoir des défis cérébraux en plus d'une possibilité de trophée, encouragement ultime. J'ai toujours très bien performé sous pression malgré les tremblements, sueurs froides, pensées négatives, et jambes molles. J'étais confiant! Malheureusement, pour diverses raisons techniques comme la livraison des mauvais miroirs par la compagnie de France et mon manque d'outils spécialisés, je n'ai pu compléter le laser.

Le fait que j'étais un jeune adolescent et non un ingénieur de la *NASA* n'a pas aidé non plus à le faire fonctionner. Pas de gloire cette fois-ci.

Vers la fin de l'année scolaire, après quelques mois de bonheur en couple, Johanne menace de se suicider quand je l'avise que notre relation a besoin d'une pause. La décision de la laisser avait été prise depuis quelques semaines déjà et je n'avais pas réussi à conclure la transaction. Je me sentais assez mâle maintenant pour essayer d'approcher d'autres jolies demoiselles et j'ai donc été un *douche bag* avant même l'invention de cette insulte. J'espérais en fait être assez déplaisant pour qu'elle me laisse de son propre chef, comme ça je n'aurais pas eu besoin de dire les mots moi-même. Mais après quelques semaines, toujours pas de résultats. Quand une amie commune m'a mis la puce à l'oreille avec une histoire de condom percé intentionnellement ***'... pour t'obliger à la marier!'***. Ce fut le point final. J'ai dû tirer la gâchette moi-même.

Quand j'en ai parlé à Johanne, ça a vite dégénéré en chicane, puis en séparation indéfinie. ***'Si tu me quittes, je vais aller me jeter devant un camion!'*** fut la première phrase qui sortit de sa bouche. Étant un gars sensible qui a de l'empathie maladive pour toutes les choses vivantes, j'ai eu une hésitation d'une demi-seconde puis mon cerveau cartésien a pris le dessus, histoire de ne pas laisser s'installer la manipulation. ***'Même si tu menaces de te suicider Johanne, ça ne changera rien... fais ce que t'as à faire!'***. Et je suis parti, espérant avoir fait la bonne chose pour nous deux. Je m'étais tenu debout devant un conflit humain et j'en étais fier.

Aujourd'hui, elle est bien vivante, mère et directrice des opérations pour une multinationale. Au cours de la décennie suivant notre séparation, je dois admettre que j'ai souvent regretté d'avoir mis fin à cette relation qui aurait pu aller loin juste au cas où le gazon soit plus vert chez le voisin.

DES CAISSES DE BIÈRE ET DES 40OZ. PLEIN L'BAIN DE MA MÈRE

Juste avant de commencer ma sérieuse relation avec Johanne j'avais tenté autre chose, toujours aussi motivé à sortir avec la *femme de ma vie*, Chantale. Elle était nouvellement célibataire ayant rompu avec Bobby après plus d'un an de fréquentations. Appelons-le *Mister Man* en l'honneur de son machisme extrême. Chantale le voyait dans sa soupe depuis leur séparation alors que moi je la voyais dans la mienne depuis des années. En plus de s'intéresser à la même fille que moi, il était responsable de deux de mes cinq commotions cérébrales à vie.

Lors d'un combat de boxe amical contre lui, je me suis rendu compte qu'il y avait de l'animosité passive agressive entre nous deux. Un duel qui n'a duré qu'un seul coup de poing, comme pour la confrontation de l'autobus. Un direct sur le nez m'avait fait plier les genoux et comprendre de ne pas accepter de combats 'amicaux' avec de supposés amis. Suite à la commotion en question, un étourdissement en descendant les escaliers une semaine après le direct au nez m'avait fait visiter le pavé uni tête première. Je m'étais réveillé trente minutes plus tard avec une longue coupure au front et du sang partout. Depuis, je me suis promis de garder les échanges de coups pour les moments importants, leçon qui m'a été utile plus lors des contrats de sécurité et d'escortes.

L'*autocorrect* de mon ordi avait écrit plus haut
'*Master Merde*' à la place de '*Mister Man*'.
Un lapsus de mon ordinateur quand même fascinant.

Finalement, aucune raison pour aller prendre une bière avec lui.

Chantale et moi écoutions une chanson mielleuse tard en soirée, comme les derniers jours depuis sa récente rupture. Le populaire animateur radio Stéphane DeVal faisait jouer tous les soirs des musiques langoureuses tout en livrant des messages comme ***'Natasha envoie des***

gros baisers partout-partout à son beau chevalier Jean-François de Saint-Chrysostome.'. Son émission *'Corps-à-corps'* est numéro 1 dans les cotes d'écoute en soirée depuis près de deux ans à *CKMF*. Calculant que la situation était idéale, je me lance. Avec le fond musical approprié, je brise le silence dans la chambre avec une question à connotation déjà défaitiste : ***'J'ai vraiment aucune chance que t'acceptes d'être ma blonde un jour, right?'***

Chantale ne disait rien, assise par terre, la tête accotée sur le bord du matelas alors que la chanson continuait de meubler le lourd silence entre nous deux. Étendu sur mon lit, j'étais suspendu à ses lèvres et il commençait à faire un peu plus chaud dans la pièce. ***'Non... '*** d'un ton doux, tout bas ; le petit mot dévastateur. J'ai senti un gros noeud se former dans mon estomac et j'ai arrêté de respirer pour un bon bout de temps. Nous avons continué d'écouter les chansons et dédicaces à la radio pendant au moins une heure, en silence, puis elle est partie en m'embrassant sur le front.

Le lendemain matin, je prends la décision de me faire un *six-pack*, rien de moins. J'avais vu *'Rocky II'* et son entraînement avec musique de motivation en sourdine avait réveillé le tigre en moi ! Le premier exercice que j'attaque, et le dernier avant d'oublier le *six-pack*, fut le fameux saut-en-crapaud-avec-un-billot-sur-les-épaules. Ayoye !! Je n'avais pas de billot de 8 pieds sous la main et j'ai donc essayé avec un bon vieux *2x4* beaucoup plus léger que ce que Rocky utilisait. La motivation - et la musique thème de Rocky sur la cassette de mon *Walkman* jaune - n'aura duré qu'une douzaine de minutes. Mais, je n'avais pas dit mon dernier mot. Je voulais Chantale !

Mon plan de rechange à l'entraînement du film était simple : je deviendrais un des meilleurs sauteurs de clôtures du Québec en commençant par celle derrière chez moi. Après de longues minutes de peine et de misère, j'ai réussi à me rendre au-dessus de celle-ci, mais je suis retombé comme une roche handicapée de l'autre côté déchirant mon gilet sur un clou et me foulant un poignet au sol.

Adieu *six-pack*!

Le coup au coeur infligé par le rejet de Chantale fut le tout dernier évènement d'importance à avoir lieu dans ma chambre du sous-sol qui deviendra éventuellement l'appartement de Normand lors de mon déménagement dans le superbe *bachelor* du deuxième.

Les années allaient faire mentir Chantale par contre, malheureusement pour nous deux.

Entre ce rejet et ma prochaine relation sérieuse, j'ai eu droit à une drôle de semaine avec une autre fille.

La jeune soeur d'un de mes amis décide unilatéralement que je serai son *chum*. Une relation platonique de quelques jours. Elle n'était pas mon style ni mentalement (*bully*) ni physiquement (pas de courbes féminines), mais bon, j'étais récemment blessé, alors j'accepte sans trop y penser. Appelons-là *Fleur-du-printemps*, en hommage à sa douceur de papier sablé et sa sensibilité de camionneur!

Le deuxième jour avec *Fleur*, elle m'avait déjà fait regretter ma décision. Nous marchions vers sa maison avec un autre couple, avec qui on planifiait passer la soirée. Au milieu du trajet, ce cher Gilles fait une blague stupide à mes dépens. Quelque chose comme ***'Attention l'gros, l'char qui s'en vient veut graisser ses roues en t'rentrant d'dans!'*** suivi d'un rire bien senti en stéréo avec sa *blonde*.

Rires interrompus subitement par un coup de poing aussi inattendu que violent lancé par *Fleur*, qui défendait son homme, moi.

Gilles s'est retrouvé sur le dos, *K.O.* ! Puis, elle a repris ma main et nous avons continué à marcher comme si rien n'était arrivé d'anormal, laissant Gilles et ses problèmes de commotion cérébrale et de *t-shirt* ensanglanté. Je me faisais tirer d'un côté alors que je regardais derrière moi tout en marchant, pour m'assurer que mon ami n'était pas mort.

Fleur-du-printemps et moi n'avons été en couple qu'une courte semaine (platonique, aussi amoureux que si c'était mon cousin !), mais ce fut assez long pour une autre histoire mémorable entre nous deux.

En effet, une descente en bonne et due forme de ses parents dans ma nouvelle chambre du deuxième vient interrompre une séance de bécotage intense des trois couples présents. Monsieur et Madame *Fleur* m'accusent de dévergonder leur délicate princesse, de l'initier aux drogues et de lui faire rater son année scolaire. Dans les faits, c'était complètement l'inverse. Elle voulait que je fume, boive et me foute des notes… rien à faire contre des parents aveuglés par leur innocente fille.

Le souvenir que j'ai de cette descente est plus la perspicacité de mon ami Pierrot en moment de panique que du choc de voir des adultes enragés bondir dans le cadrage de ma porte. Il était mon meilleur client pour la location de chambre jadis, et un spécialiste pour gérer les crises de tous genres. Quand il a compris ce qui se passait, il a aussitôt couvert la pile de caisses de bouteilles de bière dans le coin du salon avec un de mes gilets qui traînait par terre et s'est assis dessus pour lui donner l'air d'un simple banc aux yeux des parents. Quatre secondes et un nouveau siège venait de se matérialiser, innocent et fondu dans le décor. Ce n'était pas la première fois qu'il était proactif à l'apparition d'adultes dans mon cadrage de porte, mais certainement une des plus drôles. Chapeau Pierrot ! Tu m'as impressionné ce soir-là, vraiment.

Lorsque j'ai timidement laissé entendre à *Fleur* que notre relation tirait à sa fin, elle a explosé. Elle a lancé quelques objets sur les murs, m'a traité de tous les noms, dont ***'… couilles molles!'*** et ***'… écoeurant chien sale!'***, puis est sortie de ma chambre en claquant la porte. J'ai toujours eu la même image cocasse de ces sept jours de fous avec elle : une femme des cavernes qui remorque son mari par les cheveux derrière elle. Tout pour plaire à un homme.

Après deux étés complets, les *Feux* étaient maintenant routine.

Toutes les occasions étaient bonnes pour s'asseoir, jaser, griller des saucisses, rêver au futur, partager du *junk food*, jouer au *tag* football, ou encore fumer des joints. Des moments inoubliables !

Jusqu'à ce jour, je n'ai aucune idée de ce qu'un joint fait, coûte ou goûte contrairement aux poutines que j'ai eues le bonheur d'essayer environ 7000 fois depuis, peut-être plus !

Pour entretenir des feux de joie quasi quotidiens, ça prend du bois. Beaucoup de bois. Pour acheter ce bois, ça prend de l'argent que nous n'avions pas ou que l'on dépensait en cigarettes, poutines ou essence, des priorités à ce moment de notre vie. Nous commencions à manquer de combustible. Un de nous avait eu la brillante idée d'aller en emprunter à l'usine désaffectée au bout de la rue où j'habitais, *Sifto Salt Co.* Une des conneries de notre été de 1981 qui l'a rendu mémorable sans aucun doute.

Énorme bâtisse délabrée plantée loin de la civilisation, elle ressemblait à un obus arrondi avec un toit pointu. Vide, poussiéreuse, dangereuse, en ruines ! Elle était aussi grosse qu'une église. Mais plus important, elle était entourée d'une haute, et longue, clôture de bois. C'était illégal, mais vu que j'étais avec Jean, notre capitaine spirituel (en plus d'être le fils d'un politicien très haut placé au niveau municipal) et de *Mister Man*, notre *tough guy* national, j'y suis allé.

Connections ou non, une chose importante à me souvenir la prochaine fois que je voudrai commettre un acte criminel de nuit est que des lampes de poche ça se voit quand même de loin au beau milieu d'un champ désert. Prouvant cette théorie, les policiers nous ont surpris avec leurs propres lampes de poche ayant vu les nôtres du *Dunkin Donuts* à près d'un kilomètre de là ! J'ai eu la peur de ma vie, mais pas pour longtemps. Comme je croyais, *connections = pas de problèmes.*

Les agents nous ont laissé partir aussitôt qu'ils ont confirmé l'identité de mon copain, mais sans le bois que nous avons dû ressortir du coffre de l'automobile, l'air piteux et repentant. ***'On a eu notre leçon monsieur l'agent, merci encore de votre compréhension.'***

Nous y sommes retournés trente minutes plus tard sans lampes de poche et avons rempli l'automobile de nouveau de vieilles planches et poteaux bien secs. Vive la politique et les amis branchés !

Les proverbes sont toujours basés sur la réalité. *'Quand le chat n'est pas là, les souris dansent'* ne fait pas exception à cette règle. C'était vrai chez *Sifto Salt Co.* et aussi chez moi. Dans les années 80, je m'en étais rapidement rendu compte, surtout à cause des commentaires de mes *chums* comme ***'Tes parents sont pas là !'***. ***'Tu peux faire ce que tu veux ?'***. ou encore ***'Wow ! la maison à toi tout seul pour une semaine !'***.

Une des premières danses des souris en l'absence du chat fut un spectacle rock en plein air.

Ayant eu plusieurs mois de répétitions de nos chansons *rock'n'roll* préférées de Bob Seger, *Styx* et *Creedance Clearwater Revival* avec notre petit groupe amateur, nous avons décidé de faire profiter nos voisins et amis de notre talent collectif avec un concert improvisé dans la cour de la maison familiale. Rien de moins. Quelques années plus tard, notre groupe s'appellera *'Rock'n'Roll Special Edition'*, ou *'R.S.E.'* pour les intimes, mais pour l'instant c'était juste le 'groupe'.

Pour scène, le patio de dalles 1' x 1' de couleurs pastel, cassées et délavées, et pour système de son, nos trois vieux amplificateurs branchés à une extension *orange fluo* de 200 pieds qui sortait par la fenêtre arrière. Elle-même était alimentée par la prise du grille-pain, dans la cuisine.

Nous avions invité quelques amis (on estimait être environ vingt) en les avisant de ne pas trop ébruiter la chose ; nous avions aussi dit ***'... d'apporter vos propres boissons et de la glace.'*** pour ceux qui en voulaient. Les deux éviers deviendraient des *coolers* pour un soir. J'étais très excité pour cette soirée musicale intime, 'entre amis'. Évidemment, l'un en a parlé à son cousin qui en a parlé à son voisin puis à son copain... du bouche-à-oreille... des coups de téléphone... l'effet domino inévitable. Nous avons finalement été plus d'une centaine entassés dans la cour et assis tout autour de la grande clôture qui menaçait de tomber sous le poids des curieux. Je ne connaissais même pas un tiers des visages présents!

En plus, ceux que je connaissais avaient écouté la consigne des *boissons* en apportant leurs propres consommations et beaucoup de surplus, qui remplissaient maintenant le bain. Les éviers étaient devenus vraiment trop petits. Disons que ça a vite dégénéré...

Un des nombreux problèmes était la salle de bain. Cent personnes qui consomment de l'alcool à un rythme régulier ont besoin de se vider de temps en temps, ce qui fait que la maison s'était transformée en grange. Pendant les séjours d'étrangers aux toilettes, ils découvraient en même temps le bain, plein à craquer de cubes de glace, *coolers* aux fruits, gin et des douzaines de bières de toutes marques. Donc, une visite aux toilettes équivalait à se prendre une petite consommation. Que l'alcool soit à eux ou non, pas grave. Qu'ils soient des étrangers dans une maison inconnue, pas grave.

Autre problème de ce spectacle improvisé : la mentalité des joueurs de guitare basse. Étant un instrument de support, les bassistes sont souvent en arrière-plan et, pour gagner un peu de respect pour leur art, trichent toujours lors des *sound checks*. Ils gardent le volume assez bas avant l'arrivée du public. Quand le spectacle commence, le niveau du bassiste augmente graduellement. Les autres musiciens connaissent la stratégie et font donc la même chose avec leurs instruments respectifs pour ne pas être enterrés durant le spectacle. Résultat : un crescendo de rock amateur qui débute à un volume adéquat et finit à un niveau 'appelons-la-police'. Quand j'avais expliqué ma théorie au groupe en après-midi, Gilles, le joueur de basse, avait littéralement mis son instrument à la poubelle. Il s'était levé et avait projeté sa *bass* de toutes ses forces parmi les déchets dans la grosse poubelle verte dans le coin du local tout en criant qu'il démissionnait. Cette réaction prouvait que ma théorie se tenait debout et que j'avais frappé dans l'mille. Heureusement, nous l'avons calmé et il a repris sa guitare.

Comme il fallait s'y attendre, une fois le spectacle commencé, les voisins plus tranquilles ou *chialeux* ont contacté la mairie pour se plaindre du bruit infernal dans notre cour et des étrangers qui traversaient leurs terrains. Nous n'avons pu que faire deux chansons avant que les agents fassent tout fermer : *'Katmandu'* de Bob Seger, et la moitié de *'Suite Madame Blue'* de *Styx*, comptant comme une chanson complète vue sa longueur originale.

Les policiers ont été relativement plaisants, l'un d'eux étant un fanatique des deux groupes rock en vedette, l'autre ayant reconnu les ados repentants de l'usine de sel. Malgré tout, pour l'espace d'une soirée, je me suis senti comme un *big shot*. Accepté de tous.

Cette soirée a aussi le mérite de m'avoir vu soul pour la première et dernière fois de ma vie. On ne peut mélanger de la bière et du *Sherry Canadien* en alternance et en grande quantité impunément, surtout si on n'est pas habitué de boire. En fin de party, prêt pour mon lit, j'ai réussi à me rendre à la cuisine tout en me servant des murs comme accotoirs. J'ai ingurgité un demi-gallon de salade macaroni-jambon 'température pièce' en 37 secondes, pour célébrer mon sentiment de *big shot*. Dix minutes plus tard, arrivé dans ma chambre de peine et de misère, j'ai repeint un des murs en éclaboussures mottoneuses. Plus jamais ! Ni l'alcool sucré ni la salade de macaroni avalée en sprint.

Pendant l'écriture de ce mémoire, j'ai demandé à ma mère si elle se souvenait de ce fameux épisode *Rock'n'Roll* et *Booze*, ou des répercussions de la visite de la police. Elle m'a lancé un drôle de regard perdu. ***'De quoi tu parles ? Un show rock dans la cour avec intervention policière ?'***. Un chat aveugle ou qui ne veut pas voir ce que les souris font.

Normand s'en va enfin de la maison après huit longues années de cohabitation majoritairement hostiles.

Lors de la journée officielle de son départ,
ma mère m'a encore une fois prouvé
que j'étais bas sur sa liste de priorités.

Malgré les circonstances de l'horrible mort de Pipo et le fait que Mitaine était mon chat, elle le lui donne. Il semblerait qu'il l'avait convaincue avec une explication de *rapport ésotérique* avec ma chatte de la laisser partir avec lui. Mitaine est l'animal que j'ai eu le plus longtemps et la première de trois générations à vivre dans ma maison. Un geste de ma mère qui ne fera qu'empirer notre relation en me montrant encore une fois que mes sentiments n'avaient pas d'importance. Cette décision fut un dur coup au peu de liens qui pouvaient y avoir entre elle et moi.

Il me restait aussi le bon vieux Scotty, mon chat noir et blanc, obèse mais combien sociable. Un animal de compagnie dans tous les sens du terme, élevé depuis sa naissance comme un enfant paresseux, affectueux et dorloté. Une âme humaine dans un corps de mini-vache. Pratiquement mon meilleur ami et confident. Heureusement, Normand n'avait pas de connexion *ésotérique* (!!) avec Scotty. Malheureusement, je ne l'aurais plus pour longtemps lui non plus.

Mes sentiments sont partagés sur la fin du secondaire et mon entrée au Cégep en Sciences. Direction finale : trois années d'université pour travailler en physique optique. Les lasers. Nostalgie et excitation. Peurs et questionnements.

Plusieurs de mes amis des dernières années allaient prendre des chemins différents du mien, souvent loin géographiquement, rendant les sorties et soirées autour d'un feu en plein air pratiquement impossibles. Par contre, entreprendre des études collégiales confirmait une éclosion pour moi. Quelques années de *chenille* dans un cocon pour éclore enfin en *papillon* adulte. Mais y'a-t-il des chenilles qui ne se transforment jamais ? Écrasés par le pied d'un passant ou incapable de faire le cocon. Possible.

Je suis prêt à me faire de nouveaux amis, maintenant convaincu que le monde n'est pas si dangereux et que j'ai les outils pour y faire face de toute façon. Faux. Je m'étais trompé.

Comme célébration de fin de secondaire et d'adieux aux activités *Feux / Midis-musique*, nous sommes tous invités au chalet d'une des filles de notre gang, pour une petite fin de semaine de plaisir et relaxation. Je me sens privilégié d'être parmi les élus. Le seul problème de ces deux jours entre ados est que les parents de notre hôtesse étaient aussi présents. Quelque chose d'inhabituel pour moi, qui me rendait encore plus gêné. Ça n'a pas pris de temps pour que ma simple gêne initiale se transforme en pénible inconfort.

Je n'ai pas de souvenirs très concrets de 'plaisir et relaxation', mais j'en ai des deux évènements qui ont fait le contraire dans mon cas.

Aussitôt arrivés, les quatre ados mâles de 6 pieds+ et 200 livres+ (j'étais à 250 livres à ce moment) se mettent à courir et sautent sur le plus grand des lits dans le petit chalet des invités, histoire d'en prendre possession. Personne ne voulait dormir sur les lits pliants ou le sofa aux ressorts très présents. Je suis le dernier à 'atterrir' sur la pile et donc 'responsable' du fait que les quatre pattes cèdent sous la demi-tonne. Évidemment, mes amis sont trop contents de me laisser prendre le blâme seul.

J'ai droit à une réprimande bien sentie des parents ; encore du nouveau pour moi, orphelin spirituel. Je crois que je ne mesurais qu'un pied de hauteur pendant le sermon.

En plus, pas plus tard que l'après-midi du premier jour, pendant que les parents sont à préparer des *hot-dogs* et des *hamburgers* pour tous, je suis celui qui touche le dernier au *Frisbee* qui fait éclater la grande fenêtre du chalet principal. Après le choc initial du bruit de verre brisé, mes amis se sont tous tournés vers les parents, qui eux se sont tournés vers moi. Déjà à seulement 1 pied de hauteur avec l'histoire du lit, je suis passé à 1 pouce, aussitôt que j'ai vu tous les visages accusateurs. Je voulais disparaître. Plaisir et relaxation…

On revient juste à temps du chalet pour le grand jour de tous les finissants du secondaire : le *Bal de Graduation.*

Je ne me souviens vraiment pas comment j'avais réussi à convaincre Chantale, mais j'étais son escorte pour cette soirée. Des années durant, j'avais été son meilleur ami, une relation platonique bien malgré moi. Je voulais passer au niveau supérieur, mais elle préférait les *bad boys.* Je n'étais que le *nerd* de service. De toute façon, même si nous n'étions pas encore en couple, j'étais son accompagnateur officiel. Un évènement de cette envergure comme *chevalier* de la fille de mes rêves est une situation exceptionnelle pour s'en faire avec de nombreux problèmes. Des idées épineuses reliées entre autres à la tenue vestimentaire et à la possibilité de concrétiser mon rêve de devenir son prochain amoureux.

Mais j'étais grassouillet et effacé. Une paire de vieux souliers noirs devenus gris grâce à une canette de peinture à automobile, des pantalons beaucoup trop courts et un veston loué, trop petit pour ma carrure résumaient mon *look* 'tapis rouge'. Une peignure *séparation-sur-le-côté* et deux boutons d'acné bien en vue complétaient le tout. Pas tout à fait son genre de mâle. Rien de trop excitant pour Chantale qui ne parlait que de son admiration pour les hommes fonceurs et les muscles abdominaux.

Comme pour le jeu de *'n'importe quoi dans la tente'*, mes amis sont beaucoup plus aventuriers dans leur planification d'après Bal. Des plans qui incluaient entre autres des limousines, des chambres de motels, des condoms, du *mushroom*, de la *vodka* dans les sacoches, etc. Moi personnellement, j'étais plus *focus* sur le fait que j'allais peut-être devoir danser avec une fille, ou quelle sorte de nourriture nous allions avoir et en quelle quantité. Différentes réalités pour différentes personnes.

Peu de temps après le repas, j'ai été posé avec Chantale pour les photographies officielles devant un grand store sur lequel était imprimé un ciel ensoleillé. Nous avions le choix entre le soleil ou la mer. Puis je me suis éclipsé pour revenir à la sécurité de ma maison, laissant Chantale sans escorte, qui ne s'est pas plainte de mon départ.

UN FOOTBALLEUR QUI AIME LES CHATONS, ÇA POGNE.

Ma première année collégiale sera donc sans la plupart de mes amis des quatre dernières années. De mon point de vue, tout le travail social accompli au secondaire est à recommencer, mais je prends ça comme un défi. Un test pour mon auto-impression de croissance personnelle.

Toujours le plus jeune dû à une date de naissance *malchanceuse* et au fait que j'aie sauté une année de primaire, je mets les pieds dans le Cégep à 16 ans. Je me console en étant entouré de filles plus que jamais. Je ne suis vraiment pas à l'aise avec les hommes en général de toute façon, alors que les filles me trouvent *inoffensif* sexuellement (un meilleur ami *gai*, mais *non gai*). Malgré cela, étant trop anxieux et hésitant, je suis toujours pris dans une *friend zone* perpétuelle. À notre table, le midi, nous sommes deux gars pour une douzaine de jolies demoiselles, toutes aussi sympathiques les unes que les autres.

Les épreuves franchies lors de mes années d'études au secondaire m'avaient convaincu de prendre plus de risques dans le futur, de foncer plus dans les défis et tout ce qui me faisait peur. Le refuge sous l'escalier ou les détours pour éviter les *gros méchants* étaient chose du passé. J'étais toujours insécure et craintif, mais au moins je le cachais bien.

Avec cette récente mentalité d'ignorer 'ce-qui-m'fait-peur', et aussi à cause de mon ardent désir de faire partie d'une équipe, j'avais décidé de joindre les *Maraudeurs* du Cégep Édouard-Montpetit. Je ne connaissais rien aux sports organisés, mais Derek Vauquelin devient joueur de football collégial autodidacte quand même. Totalement hors de ma zone de confort. Ça prenait un peu de *'guts'*.

Dès le premier jour du camp d'entraînement, alors que tous les joueurs doivent aller chercher leur équipement, je reste en retrait pour ne pas 'déranger' mes nouveaux coéquipiers et m'assurer qu'ils m'accepteront. J'ai vite compris que *le-corps-raide-les-oreilles-molles* ne fonctionnerait pas dans un environnement de mâles Alphas. En fait, il aurait fallu que je prenne ma place pour me faire respecter. J'avais des croûtes à manger pour assimiler ça. Je me suis donc ramassé avec la dernière paire d'épaulettes, beaucoup trop petites pour moi. J'avais l'air fou et ce n'était pas non plus sécuritaire, mais d'aucune façon je ne me serais plaint... par peur de déranger. On m'avait toujours répété ***'... de ne pas faire de vague... faire le mort!'*** quand nous avions des visiteurs à la maison. Prophétique quand même. Je n'allais sûrement pas commencer à faire des vagues au tout début de ma relation avec un nouveau groupe de gens.

La même chose est arrivée avec la distribution des chandails. J'ai reçu le dernier, trop petit pour moi ; le #69. Personne ne le voulait.

Entouré d'une nouvelle gang d'inconnus plus âgés, j'ai pris mon trou et je n'ai rien dit pour être accepté à tout prix. Aujourd'hui, j'aurais tenu mon bout et demandé un chandail décent, qui ne m'arriverait pas au nombril, toujours avec le #69 par contre. J'aurais aussi exigé des épaulettes à mon gabarit.

Au premier entraînement, je me fais dominer physiquement par les autres gros joueurs de ligne. Ça pousse et ça frappe comme si j'étais au ralenti et sans force.

C'est d'ailleurs lors de ce premier jour du camp d'entraînement que je subis ma troisième commotion cérébrale : un 'casque-à-casque' solide de la part d'un des vétérans qui voulait confirmer sa place dans la hiérarchie. J'ai perdu connaissance pour quelques secondes, et vomi dans la grille à mon réveil. Bonne première impression. J'ai sérieusement songé à démissionner de l'équipe. Les jeux de vrais hommes, pas pour moi ! Mais je me suis très vite ressaisi avec une motivation en plus. J'ai eu des étourdissements et des cillements dans les oreilles, en plus de voir des 'points mauves flottants' dans les airs, pour quelques semaines. Ça m'a définitivement appris à ne pas frapper avec mon casque si je voulais arrêter un adversaire en pleine course.

J'ai joué deux saisons avec les *Maraudeurs* et j'ai toujours été un réserviste lourd et impressionnant (sur les lignes de côté), mais pas très bon. Encore l'histoire de la *Ferrari* sans permis de conduire. Sauf pour un entraînement et une partie bien spécifiques où l'on pourrait dire que j'ai eu un permis temporaire pour le bolide.

Ma fierté muette et ma rage refoulée avaient été des motivateurs pour moi quand l'occasion le demandait. Le Grand Blond étant un bon exemple. L'entraînement où j'étais un homme transformé a été après avoir entendu quelques coéquipiers et entraîneurs discuter d'un adversaire qui jouait à la même position que moi et avait exactement le même gabarit. Plaqueur défensif, 6'3", 280 livres. Ils ne tarissaient pas d'éloges envers le joueur de l'équipe adverse, tout en se montrant des coupures de journaux locaux le mettant en vedette.

Tout ce que je voyais était que je devrais être lui, théoriquement, ayant les mêmes *outils*. Je suis devenu en colère d'être moi ! Je ne pensais qu'à ça : utiliser mes *outils* pour avoir des résultats concrets et être aussi bon que l'autre gars. Aussi bon donc aussi apprécié. Autant aimé.

En plus, la semaine d'avant, j'avais vécu un deuil, la mort de Scotty, mon chat obèse à l'âme humaine. Il était malheureux seul, heureux avec moi. Pareil pour moi. Sept belles années de souvenirs jusqu'au jour où il a disparu. On l'a retrouvé deux jours plus tard, sans vie dans des buissons, après une battue monstre avec des voisins et amis. Il avait des trous ensanglantés sur le côté et dans la gorge, visiblement abattu avec violence et avec souffrance par un ou des inconnus. Incompréhensible.

Comme tous mes autres confidents à fourrure, son corps est dans une boîte à souliers enterré dans un coin de la cour. J'étais inconsolable, et à prendre avec des pincettes.

Quand je me suis présenté au terrain d'entraînement - qui était bordé d'immenses pierres tombales et d'arbres centenaires - j'avais un regard de feu, une *game face* à faire peur. Nous n'avions toujours pas de terrain décent en début de concession, et c'est pourquoi nous devions marcher jusqu'au cimetière local.

Quelle heure mémorable! Mes entraîneurs se grattaient tous la tête se demandant où j'étais caché la dernière année! Je ne cessais de me répéter ***'Don't fuck with me motherfuckers!!'*** sans arrêt. Je parlais intérieurement à mes adversaires, mais aussi à la *Mort* qui venait chercher ceux qu'on aime au mauvais moment. Plus je frappais les pauvres gars, plus je me le répétais. J'ai été le plus rapide, le plus gros, le plus fort pour soixante minutes. Les porteurs de ballon ne passaient pas sur les jeux de course, les joueurs de ligne offensive ne pouvaient pas me retenir pour m'empêcher de sauter sur le quart-arrière lors des jeux de passes. *Hulk* dans une mauvaise journée.

Le cerveau étant un bien drôle d'organe, pour une raison sûrement stupide que j'ai oubliée, je suis retombé dans mon *pattern* de doute et d'hésitation dès le lendemain. Le gars qui s'excusait de vivre ou de gaspiller l'oxygène qui aurait pu être plus utile à quelqu'un d'autre était de retour. *Hulk* était reparti en laissant un Bruce Banner au linge déchiré derrière lui. En une nuit, je me suis dégonflé pour redevenir le Derek sans lustre. Mes entraîneurs se grattaient toujours la tête, mais pour la raison inverse.

La partie où je suis sorti de ma torpeur pour l'espace d'une demie fut vers la fin de la saison. Chantale venait me voir jouer pour la première fois, accompagnée par nulle autre que son ex / futur *Mister Man* en personne. Résultat : un joueur de ligne motivé qui s'était tout à coup mis à frapper tout ce qui bougeait, avait rabattu une passe, causé un revirement important et recouvert un ballon échappé.

***'Don't fuck with me motherfuckers!'* prise 2.**

C'était la première fois de la saison (en fait, à vie) que j'entendais mon nom prononcé par l'annonceur maison dans les grosses colonnes de son aux couleurs des *Maraudeurs*. J'étais fier comme un paon devant Chantale et *Mister Man* à la fin du match. Toujours en équipement, suant comme un cochon, tenant mon casque à la main, un sourire fendu jusqu'aux oreilles.

Un bon entraîneur sort le meilleur de toi comme un réalisateur de film sort le meilleur de ses acteurs principaux. Il peut faire éclore ou laisser dormir ses joueurs. Le mien n'était pas doué pour me motiver et n'a donc pu profiter de son *'BIG 69'* pour l'aider à gagner en deux ans.

Une agréable rencontre du temps au Collège, alors que j'étais âgé de 17 ans, fut Sandra. Une superbe grande fille qui venait tout juste d'avoir 16 ans. Une relation pour moi qui a été très intense et qui ne dura que de novembre à janvier.

Mon ami Louis et sa douce moitié du temps avaient décidé de me trouver une *blonde* coûte que coûte. Il faisait trop froid pour qu'on fasse encore des feux dans la cour arrière en octobre, mais on se ramassait quand même dans ma chambre du deuxième tous les vendredis. C'est donc dans cet état d'esprit que Sandra était apparue un beau soir accompagnant les deux *match-makers* tout souriants. L'attraction fut immédiate, et le rapprochement entre elle et moi ne s'est pas fait attendre non plus. Deux Scorpions célibataires, bilingues, intelligents, grands et ambitieux, avec un fin sens de l'humour.

On s'en promettait déjà pour la fin de semaine suivante. Le vendredi enfin arrivé, Sandra s'était présentée plus tôt et j'avais pris cette hâte à venir me rejoindre tout de suite après sa journée scolaire comme un signe positif d'une possible union Derek-Sandra. Ma chatte Punk, fille de l'ésotérique Mitaine, avait eu une portée de 6x chatons récemment, et toute cette marmaille dormait sur mon grand lit, entre deux oreillers. À un certain moment de la soirée, j'avais été m'allonger sur le matelas pour flatter les *p'tits minous*, laissant tous mes amis dans la partie de ma chambre plus 'salon'. Sandra était venue me rejoindre et s'était mise à les caresser elle aussi. Il s'en suivit un genre de ballet non chorégraphié de *on-se-touche-accidentellement-les-mains* tout à fait adorable et vertigineux entre nous, avec le doux poil des chats comme plancher de danse. ***'Tu es un gars tellement sensible Derek.'*** J'étais bouche bée. Si j'avais été le moindrement Don Juan, j'aurais probablement pu faire des ravages dans mes années scolaires…

Pas de ravages. Zéro.

Toujours *clueless*, mais en plus, pas vraiment dans ma génétique.

Sandra avait donné un nom à ma chambre du deuxième, le *'Palais de la non-supervision'*, sûrement un contraste avec la sienne. Je crois qu'elle appréciait grandement la liberté qu'elle y ressentait. Un nom de chambre prophétique vu la suite des évènements entre nous deux.

Encore rien d'officiel par contre.

Les deux premiers vendredis, Sandra avait des accompagnateurs pour se rendre jusqu'à l'arrêt d'autobus à la fin de la soirée, mais le troisième, qui avait été plus *flirte* que les autres, je me suis offert. Elle a accepté avec un grand sourire. C'était une soirée glaciale et nous avions au moins dix minutes de marche à faire. Une fois rendu à l'arrêt d'autobus, je l'ai évidemment réchauffée en la serrant affectueusement. Quelque chose me disait que le fer était chaud et que c'était le temps de passer à l'attaque et j'ai alors embrassé Sandra… sur la joue droite ! Pas encore assez certain pour tenter la prise de la bouche. Je n'ai pas reçu de gifles ou de plaintes. Bon début.

Alors que l'autobus arrivait au loin, j'ai ajouté, en lui prenant la main, ***'Vendredi prochain ce sera l'autre joue. Le vendredi d'après on verra bien.'*** suivit d'un sourire charmeur ***'… j'ai un plan d'attaque.'*** Une charmante improvisation dont j'étais assez fier. J'avais l'air en contrôle, mais je tremblais comme une feuille. Elle m'a donné une chaleureuse accolade qui s'est étirée jusqu'à ce que la porte de l'autobus s'ouvre. Je me souviens encore de son merveilleux parfum et de ma main glissant sur ses longs cheveux.

Une scène de film gravée dans ma mémoire.

Une fois le baiser sur la bouche derrière nous, notre belle histoire d'amour devient officielle. J'étais extatique et aussitôt son départ les fins de semaine ; je comptais les heures avant la prochaine rencontre. On commençait aussi à avoir des *tripotages* plus sérieux sans toutefois se rendre jusqu'au bout. Mais la consommation complète approchait à grands pas. On s'échange des mots doux et des photos chaque fois que l'on se voit. Photos que je regardais sans cesse en relisant ses messages. Sans les textos ou les médias sociaux, c'était encore plus *vrai*. Littéralement, plus tangible.

Malheureusement, un soir où nous n'étions pas au *Palais de la non-supervision* mais bien dans le sous-sol des parents de Sandra, une mauvaise surprise nous attendait. Nous écoutions amoureusement, main dans la main, *'Officer and Gentleman'*, lorsque nous avons été brusquement interrompus. Et la lumière fut, aveuglante. ***'Qu'est-ce qui se passe ici les jeunes?'***

Dans la tête des parents en général, une adolescente n'a jamais plus de 9 ans d'âge émotif, peu importe ce que montre son baptistaire.

Pour une deuxième fois en peu de temps, j'ai droit à une délégation de parents inquiets et mécontents, ce coup-ci pas chez moi, mais bien chez eux. Ils nous escortent jusqu'à la porte de sortie, poliment mais froidement. Pour une deuxième fois aussi, je passe pour un loup alors que je suis un agneau.

Les pères des filles ont toujours pressenti que j'étais une mauvaise influence sur leurs princesses qu'ils voyaient blanches comme neige, et vierges. Alors que les mères des gars ont toujours su que j'étais une influence très positive sur leurs mauvais garnements aux tendances criminelles. Tout est dans la perspective. J'étais la même personne pour les deux sexes.

Sandra m'a souvent dit que j'étais ***'… un gars merveilleux'*** ce qui me rassurait énormément, mais quelques jours après la dernière irruption des parents dans notre paysage idyllique, elle m'annonce qu'elle me laisse ***'… après mûre réflexion et une sérieuse discussion avec ma famille, nous ne pourrons plus nous voir Derek. Ça me fait de la peine mais je dois me concentrer sur mes études. Je veux garder ma virginité pour mon futur mari.'***. Elle aussi avait senti que la relation complète était imminente et elle a choisi de mettre les freins. Je l'ai mal pris. Bouleversé pendant quelques semaines, j'étais inconsolable. J'ai conservé une photo noir et blanc qu'elle m'avait donnée. Ma préférée. Elle est restée dans mon album 'souvenirs' jusqu'à l'année dernière… conservée pendant plus de trente années après notre séparation. Une image pleine d'émotions où elle séchait ses longs cheveux tout en lançant un regard coquet au photographe, soigneusement insérée dans une petite enveloppe parfumée, scellée avec un baiser rouge.

You can't write this shit!

Quand j'ai commencé mes études collégiales, j'ai aussi décidé de quitter la maison familiale. Ma mère et moi n'avions pas vraiment eu de chicanes ou désaccords précis. Je fuyais plus une ambiance. Si tu ne te sens pas voulu quelque part, tu vas voir ailleurs si quelqu'un voudrait bien de toi. Peu de temps après m'être fait laisser par Sandra, je deviens donc locataire. Je m'installe dans une maison de chambres située juste en face de l'école partageant la cuisine et la salle de bain avec cinq autres étudiants du Collège. J'y rencontre Christophe qui deviendra bientôt un de mes bons amis.

Le dessin d'un gros oeil un peu croche placé au-dessus de sa porte de chambre avait attiré mon attention dès le premier jour de notre co habitation. Chaque fois que je m'assoyais dans la cuisine pour manger du *Kraft Dinner*, l'oeil me surveillait. Après une semaine, j'ai été cogné à la porte sous l'Oeil pour avoir des explications. Il semblerait que l'image représentait sa 'conscience' et l'empêchait de faire des conneries. Mon genre de gars.

Ma chambre / appartement verra quelques jolies filles circuler entre ses quatre murs, mais je ne les 'connaîtrai' jamais bibliquement. Au lieu de voir l'opportunité ou l'intérêt de celles-ci pour moi, je m'acharnais à faire les travaux d'école prévus à l'agenda. Désolé Catherine ! Désolé Sophie ! Désolé Barb !

Ayant maintenant des obligations financières et aucun support de ma mère, je me mets aussitôt à la recherche d'un travail.

Un de ceux-là m'a été offert par une amie de ma mère, une des chasseuses d'hommes. Elle avait besoin de faire repeindre son appartement, mais seulement en une journée et durant son absence. Évidemment, j'accepte. Après m'avoir expliqué quoi faire, elle est partie et je me suis mis au travail. J'ai eu instantanément la réalisation que chaque minute à peindre équivalait à un montant d'argent. Chaque heure 5 $… donc chaque ¼ d'heure 1.25 $. Je suis devenu obsédé par les aiguilles de ma montre et toutes les 15 minutes je déposais mon pinceau, marchait jusqu'à un calepin sur la table, écrivait +1.25 $, puis retournait dans l'escabeau. Toute une journée à faire ce geste répétitif, ralenti et déconcentré dans mon travail par les aiguilles. Quand mon employeuse est rentrée chez elle en soirée elle a vu mon calepin avec une trentaine de lignes +1.25 $, mais elle a aussi remarqué que je n'avais même pas fait la moitié des pièces. Ce qui était repeint était amateur. Elle m'a poliment demandé de ne plus rentrer.

Un panneau de liège à l'entrée du Cégep, tapissé d'annonces de colocations, conférences diverses et emplois temporaires me fait découvrir l'entreprise de mon premier employeur. Un drôle de bonhomme, ingénieur de formation qui me jase souvent d'ésotérisme et de médecines douces entre ses instructions de soudure et de polissage de chrome. J'ai l'impression d'être son seul contact social et il n'est donc jamais à court de sujets de conversations. Évidemment, une excellente figure paternelle. À l'heure du diner, nous sortons régulièrement dehors pour essayer de 'séparer des nuages en deux' en n'utilisant que la force mentale, tout en mangeant nos sandwichs, couchés au beau milieu du stationnement.

Il était très excité de me montrer sa 'technique'. Sympathique mais un peu… intense!

Lui, un semi-scientifique vaporeux / religieux et moi, un cartésien / athée. Le *vieux-p'tit-maigre* avec le *jeune-gros-grand.* Ça rendait les journées divertissantes et enrichissantes. Je ne voyais pas le temps passer quand je travaillais avec Fernand. Il m'a aussi initié au 'travail' de figuration pour des projets télé ou cinéma. Ce n'était pas très lucratif - j'ai déjà été payé en *pizza* sur le film *Le Party* - mais c'était plaisant de pouvoir faire partie du 'Cirque'. Voir l'envers du décor.

Mon physique m'a toujours limité aux gardiens de sécurité, camionneurs ou prisonniers, les quelques fois que j'avais été choisi par la production. Une seule fois, je suis sorti de mon *typecast* et j'ai joué un fermier retardé mental qui mâchouillait un brin de paille, mais ce fut une exception à la règle. On ne m'a jamais proposé de jouer un espion *tombeur-de-ses-dames* ou une ballerine.

Après quelques mois avec Fernand à faire l'apprentissage de la soudure et du polissage, je trouve un boulot différent, les déménagements commerciaux. Dur physiquement, mais inexplicablement plaisant quand même. J'ai découvert que j'aimais suer et trimer dur en trimbalant des sofas et des réfrigérateurs dans des escaliers étroits. Je me sentais mâle! Encore aujourd'hui, j'adore transpirer au *gym* ou en joggant; ça sort le 'méchant'! Je me suis rendu compte en vieillissant que suer est comme pleurer de tout le corps pour moi.

C'est sûr que courir des 5 ou des 10 kilomètres avec un 60 livres en trop ce n'est pas idéal, mais comme pour la vie quotidienne on continue d'avancer malgré le poids des expériences passées sur nos épaules. Focus et détermination. De toute façon, ça fait beaucoup plus mal d'être un obèse assis qu'un obèse coureur.

Une fois l'hiver arrivé, je délaisse les meubles pour les pelles. Le déneigement à Saint-Lambert m'aide à rester en forme durant la saison morte de football et me fait encore sentir *membre d'une équipe*. Deux camions avec grattoir à l'avant, chacun avec deux étudiants comme passagers. Pendant que le conducteur s'occupait du stationnement, nous descendions du camion, ramassions les petites pelles à l'arrière et devions nettoyer tous les passages piétonniers ainsi que les devants de portes de garage du client. Deux à trois minutes par adresse… pas besoin de *gym* lors des journées de tempêtes. Nous avions des rondes d'une soixantaine de maisons et condos à déneiger en trois heures, avant 8:00 du matin ; puis une deuxième tournée de finition en après-midi.

On carburait aux litres de lait au chocolat et aux barres *Mars*, puisque le *Red Bull* n'était pas encore *in* au début des années '80, heureusement pour moi. On suait beaucoup là aussi.

DE PEUREUX À GARDE DU CORPS EN UNE SEULE LEÇON INDOLORE

En 1983, juste avant ma deuxième année collégiale, je déménage dans un appartement 4½ avec Christophe, délaissant la maison de chambres que l'on trouvait tous les deux un peu petite. Sans surprise, la première chose qu'il fait en emménageant est de coller le dessin de son gros oeil 'conscience' au-dessus de sa porte de chambre et stationner sa moto *Kawasaki 600cc* en plein milieu du salon. Je trouvais ça cool. Un drôle de gars ; drôle dans le sens différent mais avec beaucoup de coeur et sans malice. Finalement, un bon match pour moi.

En plus, j'avais quelque chose d'impératif à apprendre de lui, me foutre de l'opinion des autres.

Pas sûr si c'était conscient pour lui, ou s'il était simplement *clueless* de son entourage, mais le résultat était le même, il ne se censurait pas. Admirable !

Un des moments importants à s'être déroulé dans l'appartement a été ma tentative de reprendre avec Sandra. Pas encore prêt à démissionner sur notre histoire d'amour, j'organise une soirée romantique où tous les espoirs étaient permis. J'ai lancé l'invitation et elle a accepté de venir à un souper en tête-à-tête, préparé par moi. J'étais convaincu que notre couple serait plus fort que les pressions parentales et scolaires. Visiblement, elle aussi.

Un *'33-tours'* de Stevie Wonder plein d'égratignures était prêt à tourner. Les chandelles étaient allumées sur la table de la cuisine avec vue sur la *Kawasaki* de Christophe, et le souper spaghetti était à cuire. Quand j'ouvre la porte d'entrée, je suis encore une fois frappé par sa mystérieuse beauté et son parfum enivrant. Une grande amazone aux cheveux soyeux, sourire coquin et yeux brillants. Wow ! Elle avait sûrement plusieurs défauts, mais à ce moment je n'aurais pu en nommer un seul. Malgré ma nervosité maladive, je vis une soirée magique ; bonne bouffe, danse langoureuse sur le bon vieux *'Ribbon in the Sky'*, et rires à profusion… je sentais que c'était dans l'sac. Mon voeu allait être exaucé.

À la fin de la soirée, je la reconduis à l'autobus, mais au lieu du baiser passionné tant espéré qui confirmerait la reprise du couple Derek / Sandra j'ai droit à une accolade. Le rêve s'écroule avec ce message évident qu'on ne reprendra pas notre histoire d'amour. Merci, mais non merci. Contrairement au cinéma, l'influence des parents a été plus forte que l'amoureux désespéré. Je dis 'parents', mais avec du recul je vois bien que Sandra n'avait pas non plus de fusil sur la tempe. Ça me faisait moins mal de blâmer les circonstances ou les parents que d'accepter un rejet de ma merveilleuse Sandra.

J'ai toujours eu l'impression qu'elle savait déjà que nous ne reprendrions pas notre belle histoire. Pourquoi a-t-elle accepté mon invitation ce soir-là ? Pour donner une fin nette à notre relation ? Seulement pour se confirmer sa décision ?

Une autre énigme de ma vie.

Quelques mois après avoir digéré la perte de Sandra, je retourne à mon premier amour, littéralement.

Sans aucun doute, la fille qui m'avait le plus fait rêver mais qui avait aussi bombardé mon estime avec une précision chirurgicale était Chantale. Nous étions de très bons amis depuis quelques années et j'avais été témoin et confident de sa relation tumultueuse avec *Mister Man*. Étant donné que j'avais des idées romantiques avec elle, c'était devenu assez inconfortable pour moi.

Depuis le *Bal des Finissants*, mon attirance pour elle s'était refroidie pendant ma relation avec Sandra, mais était revenue de plus belle rapidement, une fois célibataire. Puis un jour, on s'est ramassé en couple. Je ne me souviens même pas comment c'est arrivé exactement, mais on a commencé à marcher main dans la main et à s'embrasser. Notre relation aura été assez courte et remplie de doutes, mais j'étais simplement heureux d'être enfin avec la fille de mes rêves. Chantale n'était pas très affectueuse et trouvait toujours quelque chose à critiquer ; des signes précurseurs de frustration que j'aurais dû voir. Des petites choses qui, à répétition, grugeaient ma confiance et ma joie de vivre. Tout le contraire de mon temps avec Sandra où je me sentais apprécié.

Un des reproches que je pensais injustifié était d'avoir les pieds non parallèles, surtout que c'est une condition que je qualifierais de 'médicale'. Quand je me tenais debout, mes deux pieds faisaient un léger 'V', tout simplement. Ça l'énervait que j'aie les pieds *croches* et elle le mentionnait souvent, comme à un enfant qui ne cesserait de se jouer dans le nez. Aujourd'hui encore j'y pense de temps en temps et quand je remarque que la grosse majorité des humains se tiennent de cette façon, ça me rassure. Par contre, ça me confirme aussi que Chantale cherchait des choses à me reprocher. Ça me déçoit de voir l'impact négatif qu'elle a réussi à avoir sur mon estime pour le reste de ma vie.

Les appartements et les études ça coûte cher et je cherche toujours des moyens d'arrondir mes fins de mois.

Je ne me souviens pas par quel hasard j'ai appris qu'il se préparait une étude payante dans la région de Québec - probablement par le tableau de liège fourre-tout à l'entrée du Cégep - mais ça m'a tout de suite accroché. Ils avaient besoin de 12 adolescents mâles désireux de faire quelques dollars pour être cobayes. Ils m'ont expliqué plus tard que les filles étaient de mauvais sujets pour ce genre de tests parce que leurs menstruations impactaient les résultats mathématiques de gestion de calories. *'Projet de recherche rémunérée; 2000 $ pour 3 semaines'*. Des vacances payées pour étudier l'alimentation des jeunes dans un environnement contrôlé mais superbe, les montagnes au nord de la Ville de Québec. Je m'inscris sur-le-champ. Cinq loyers d'avance.

Le premier soir, je suis arrivé au gros édifice très en retard. Ça ressemblait à un mini Pentagone mais en bois rond, au beau milieu de la dense forêt. Tous les autres participants et moniteurs étaient déjà couchés. Le responsable qui est venu nous ouvrir la porte en pyjama n'avait pas l'air très content, mais s'il avait connu ma mère, il aurait pu le prévoir. Il m'a guidé à ma chambre, assez similaire à celle que j'avais au Collège Français. Petit lit trop court pour ma grandeur, un évier et une armoire sans portes du plancher au plafond, pour étaler le contenu d'une valise. Un peu monastique. Je rencontrerais tout ce beau monde le lendemain.

Ma mère s'en va aussi vite qu'elle est arrivée, sans effusion d'émotions alors que je grimpe dans mon lit sans même défaire ma valise… pour ne pas déranger, évidemment.

Ce premier soir, j'ai pleuré comme une fillette, en silence, sous mes couvertures. Pourquoi pleurer ? Je m'étais moi-même inscrit après tout !

La première semaine s'est déroulée sans problèmes et je me suis même pris à socialiser avec les ados / cobayes du projet de recherche. Tout allait bien jusqu'à l'arrivée d'autres pensionnaires dans le grand chalet de vingt-cinq chambres. Des étudiants en foresterie de l'Université Laval, pleins de machisme et de blagues de 'totons', ont emménagé pour leur propre séjour d'étude de la flore sauvage, avec nous. Ce jour-là, je suis retourné dans ma mentalité 'victime' assez vite, comme tous mes nouveaux amis d'ailleurs. Cette vague de *bullies* qui buvaient tous les soirs et s'amusaient à nos dépens une fois souls était massive.

Trois activités me servent grandement à meubler mes longues journées passées dans la nature pour m'isoler des abus mentaux et des moqueries des étudiants en foresterie.

Les nombreux films *VHS* - de la collection privée de plus de 300 titres appartenant à l'un des moniteurs de l'étude. *'Ferris Bueller's day off'* et *'Star Wars'* jouaient souvent.

L'écriture - mes débuts de gribouillage d'idées et de pensées, un journal personnel qui deviendra en partie le livre que vous lisez en ce moment, dans lequel j'investis quelques heures quotidiennement.

Le canal Musique Plus - surtout le clip *'Girls on Film'* de Duran Duran.

Lingerie érotique dentelée, crème fouettée à profusion et bagarres d'oreillers à cheval sur un gros tuyau bien glissant! Un rêve d'adolescent qui me rappelait ma *nanny.*

Après cette deuxième semaine, entouré d'arbres et de sentiers complexes, à cohabiter avec des mésadaptés sociaux - *les autres cobayes* - et des sous-adaptés sociaux à une seule neurone - *les futurs forestiers* - Chantale et ma mère décidèrent de me rendre visite comme support moral. La dernière fois qu'on se verra en tant que couple! C'était inévitable mais je me sentais partiellement à blâmer, avec fondement ce coup-ci. Juste avant de partir pour Québec, je lui avais donné un superbe pendentif en gage d'amour. Il était très détaillé en plus d'avoir un *look* antique spécifique. Une pièce unique à Montréal sans aucun doute. Je n'avais pas pensé en le volant à ma mère que Chantale et elle seraient assises à 1 mètre l'une de l'autre dans l'automobile, pendant le voyage. Je ne l'avais jamais vue avec ce bijou et je l'avais trouvé tout au fond d'un grand coffre pêle-mêle avec des dizaines d'autres breloques et colliers hors circulation. Ce qui devait arriver arriva. Après le baiser obligatoire et quelques accolades un peu forcées, pendant une marche dans un des sentiers avoisinants au Pentagone, Chantale me confronte avec le collier.

Ma mère s'en foutait bien puisque comme je croyais, elle ne l'avait jamais porté. Mais Chantale ne l'a pas pris si légèrement. ***'Elle voulait savoir ce que je faisais avec son pendentif!'***. J'aurais souhaité disparaître, m'enterrer, ce qui serait assez facile car j'étais soudainement devenu tout petit. Depuis que j'étais son *chum*, elle avait réussi à me faire passer de 6 pieds à 4 pieds de hauteur grâce aux critiques intermittentes, mais cette confrontation dans la forêt complétait le travail de démolition.

Pas certain si cet évènement lui a confirmé que je n'étais pas un bon parti ou si ça lui a fourni une excuse blindée pour me laisser sans remords, mais j'ai senti quelque chose se briser entre nous. Le futur était glauque.

Je n'avais pas dit mon dernier mot, encore une fois. Aussitôt revenu à Longueuil, je me dirige chez le fleuriste du coin et achète un superbe bouquet à 80 $ pour me rendre directement à la maison de Chantale. Elle m'avait dit étudier tout l'après-midi chez elle, raison pour son absence lors de mon retour à la maison. Je lui expliquerais tout, m'excuserais à profusion, et on recommencerait à zéro. D'un pas décidé, j'arrive à leur demeure familiale et suis frappé de plein fouet par une scène inoubliable. Assise d'un côté de la table de pique-nique dans le fin fond de la cour arrière, Chantale est enlacée par un de ses amis *six-pack* et bien bronzé, en pleine session de bécotage passionné. Après quelques secondes d'un tourbillon d'émotions intenses je suis reparti, sans même que le couple se rende compte de ma présence, sous le regard gêné de sa mère dans la fenêtre de la cuisine. J'ai déposé le bouquet et la carte sur le balcon avant, le coeur gros… Nous n'avons jamais reparlé de Québec ou des fleurs abandonnées, mais quand nous nous sommes revus nous n'étions plus un couple, redevenus des amis platoniques. Mais maintenant, un peu inconfortables en présence l'un de l'autre, nous évitant subtilement par tous les moyens.

À un certain moment de notre tiède relation amoureuse, nous avions même 'magasiné' un appartement pour y emménager ensemble, mais ça ne s'est jamais concrétisé, heureusement. Je n'ai jamais habité avec elle. ***'Quelle gaffe ç'aurait été! You dodged a bullet man!'*** disait Pierrot. Il trouvait que Chantale me traitait comme une marionnette et répétait sans cesse qu'elle n'avait aucun intérêt amoureux pour moi à mon insu. Dernièrement, elle m'a avoué avoir amèrement regretté de perdre notre belle amitié en faisant l'erreur d'accepter une relation de couple *par pitié*. Un autre coup à l'ego pour un homme de cinquante ans par la même fille, pour le même sujet.

Après le départ de ma mère et de Chantale du chalet de Québec, il me reste encore une semaine à y séjourner et les étudiants en foresterie nous réservent leur tour le plus pendable.

Aujourd'hui, je trouve leur idée très inventive et même comique, mais à ce moment-là je l'ai trouvé beaucoup moins drôle. Ils avaient attendu que les cobayes dorment tous pour attacher en série des poubelles à chacune des poignées de nos chambres, puis les avaient remplies d'eau. Elles étaient toutes juste assez en déséquilibre pour pouvoir se renverser facilement. Le lendemain matin, lorsque le premier cobaye s'est réveillé et est sorti (Martin de Tadoussac?), ce fut l'inondation générale dans le couloir nord du Pentagone. Douze chambres au total… douze poubelles pleines d'eau reliées entre elles.

Une fin spectaculaire à un séjour inoubliable pour plusieurs raisons, bonnes et mauvaises.

La première activité familiale à avoir lieu depuis mon départ du nid fut mon party de 18 ans avec toute la famille Vauquelin qui fait le voyage de Trois-Pistoles. Des retrouvailles émotives plus pour eux que pour moi, ne les ayant pas vraiment côtoyés depuis des années. Plus de quatre-vingts personnes sont présentes. Chantale aussi était là, comme 'amie' seulement, Louis, Pierrot, même *Mister Man*. Encore une bonne et mauvaise expérience. Du côté négatif, toutes ces heures passées avec ma famille pistoloise m'avaient fait réaliser qu'un fossé culturel et moral énorme avait déjà commencé à se creuser entre le *village* et la *métropole*.

Un de mes oncles me donne une brosse à cheveux avec la poignée en forme de femme nue, gros mamelons rouges et tout. *Made in China*.

Je reçois aussi un *dildo*, ***'C't'une blague le jeune… ça va t'faire pousser du poil su' l' chest!'***. J'étais assez mal à l'aise, merci. Tout un dilemme entre de l'attention ou de l'attention négative. Des histoires sûrement usuelles pour des milliers de jeunes, mais spécifiquement dans mon cas c'était très mal me connaître.

Du côté positif, je suis la vedette de la soirée!
Je reçois de l'affection et des cadeaux sans mesure.
La *pute-à-trophées* est contente!

L'année collégiale #2 débute et ma motivation n'est tout simplement pas au rendez-vous. Zéro. Je m'ennuie en Sciences Pures et mes plans de travailler en physique optique devenaient de moins en moins intéressants. Je n'ai plus de but concret, tout bonnement. Je suis toujours membre de l'équipe de football, maintenant les *Cougars* au lieu des *Maraudeurs*, mais encore là la motivation n'y est plus. À toutes fins pratiques, je passe de joueur de réserve à joueur invisible. Après notre dernière saison de 14 victoires et aucune défaite, des dirigeants de Football Québec décident de mettre sur pieds un match opposant la meilleure équipe 'AA', nous, à la meilleure équipe 'AAA' (Vieux-Montréal ??). Une partie qui sera disputée au superbe stade de l'Université de Montréal.

On se fait écraser 70 - 3. Il faut croire que le 'A' supplémentaire est assez important dans les niveaux de sports amateurs.

Même nos nombreux joueurs illégaux, des étudiants trop âgés pour les rangs collégiaux qui avaient magouillé pour nous donner un coup de main, n'ont pu nous éviter la dégelée. Que vous connaissiez ce sport ou non, c'était un massacre. J'ai mis les pieds sur le terrain pour un simple jeu de routine, un impressionnant total de 15 secondes, peut-être moins. Mais quand tu penses ne rien valoir, il faut voir le positif de cette journée : je n'ai été que sur ce jeu de toute la partie… le placement de trois points qui nous évitait le '0' au tableau afficheur.

En espérant que mon gabarit pourrait aider leur équipe, quelques partisans des *Cougars* criaient des estrades en début de match, avant que ça devienne un massacre ***'Go Big #69, tue-les !!'***, en un parfait franglais. Malheureusement pour les partisans et mes coéquipiers, personne ne savait que mon état mental n'était pas sur un pied d'égalité avec mon gabarit. Pas même moi. J'étais petit en dedans. Petit et encore peureux, contrairement à ce que je croyais.

Une des choses qui me donnait un peu de valeur était de faire partie d'une équipe gagnante même si je n'y apportais pas grand-chose. Une défaite comme celle-là venait remettre en question tout le travail d'estime personnelle fait depuis deux ans.

Plutôt *Small* #69 ?

J'avais une longue marche à faire du Collège jusqu'à l'arrêt pour la '129' qui m'emmenait directement à Montréal en traversant le pont Jacques-Cartier. Un grand détour qui m'évitait de devoir passer par le Métro Longueuil que je trouvais plus ou moins accueillant. Par ce bel après-midi de l'automne 1984, j'attendais donc l'autobus avec mon gros sac d'école. Une bonne occasion pour observer les rares automobiles et les écureuils dans ce quartier plutôt résidentiel. Je contemplais aussi ma place dans la société tout en comptant des craques de trottoir et des lampadaires. La vie paisible et tranquille.

Après une vingtaine de minutes d'attente, je remarque un piéton à l'autre bout de la rue qui marche calmement dans ma direction sur le trottoir adjacent au mien. De temps en temps, je regarde dans sa direction sans vraiment m'y attarder ; c'est un ado / grand / blond. À un certain moment donné, il arrête de marcher. Je me retourne et l'observe avec plus d'attention. Nos regards se croisent et ne se laissent plus pour ce qui me semble être un long moment.

Puis, deux réalisations :

- Lui, se rend compte que je suis le gars qui l'a écrasé dans les cases jaunes en secondaire 3, la Grosse-Tout-Trempe de jadis.
- Moi, je me rends compte que c'est le Grand Blond, en personne, immobile.

Nos deux réactions furent aussi instinctives que simultanées, comme si on avait chorégraphié la scène. Simultanément !

Il tourne les talons et se met à courir comme si sa vie en dépendait, alors que moi je laisse tomber mon sac à dos par terre et me mets à le poursuivre en traversant la rue comme si sa vie en dépendait (c'est possible qu'il ait eu raison !). Malgré le fait que je me considérais relativement athlétique pour un gros joueur de ligne, je n'étais pas une gazelle mais bien un *bulldozer*. Il m'a semé après une minute de poursuite intense. Plié en deux, à bout de souffle, j'étais heureux comme un pape ! Le Grand Blond goûtait maintenant à sa propre médecine.

Je suis revenu à l'arrêt d'autobus et mon sac était toujours là. Toujours là aussi, un sourire de victoire sur mon visage en sueurs. Un des plus satisfaisants jours de ma vie. Je me suis senti vraiment libre de futurs intimidateurs.

J'étais inutile comme joueur de football ou comme *chum*, mais pas encore une cause désespérée dans la vie en générale.

Tout allait bien ; momentanément.

Petit message pour mon ami blond sans nom : j'espère que tu es juste assez *loser* aujourd'hui pour souffrir quotidiennement. J'espère aussi que tu vas te reconnaître en lisant ce texte et que tu vas venir me voir en personne, histoire qu'on en jase plus longuement…

Mon statut de joueur de ligne de football me fait recevoir une offre de sécurité pour un spectacle amateur qui se donnera à la cafétéria du Cégep. Les samedis soirs, les adolescents pompettes requièrent de la supervision après tout. Sans trop savoir dans quoi je m'embarque, j'accepte l'offre. De l'argent et un *boost* d'ego. Parfait. La soirée s'est déroulée comme tout spectacle musical : des altercations mineures, des pourboires au noir pour laisser rentrer certaines gens et de l'observation de jolies jeunes filles. Sauf qu'un homme qui passait par là au *look* clochard et déjà très affecté par l'alcool avait réussi à entrer dans la cafétéria par la fenêtre des toilettes et faisait des siennes. Il agrippait les filles et menaçait les gars. Mon patron est venu me chercher avec un autre membre de l'équipe sécurité et nous a demandé de s'occuper du problème. ***'La***

police a déjà été appelée, mais sortez-moi cette merde.' Les détails exacts m'échappent sur la suite des évènements, mais mon partenaire et moi avons traîné le gars soul et belligérant jusqu'aux portes doubles à l'arrière. Vu son refus de sortir, nous l'avons lancé (dans le sens vol plané) dans une des portes vitrées… qui a explosé en mille morceaux. Je ne m'attendais pas à un bris mais bien à une ouverture 'ordinaire' quoique brutale. Oups ! Il s'est écrasé sur le ciment, dehors, rempli de petites coupures et d'éclats de verre, juste comme l'auto-patrouille arrivait. Toute une montée d'adrénaline dans mon cas. Inoubliable. C'était la première fois depuis le Grand Blond dans les cases jaunes que je devais négocier avec de la violence inter humain, et c'était définitivement, encore une fois, libérateur.

Les policiers ont accepté notre explication comme quoi l'intrus avait foncé dans la porte par ses propres moyens. Merci. On passe à autre chose.

Une heure plus tard, je reçois une drôle de proposition d'un inconnu que j'avais croisé à quelques reprises dans les corridors du Cégep. Il m'emmène à l'écart des fêtards et de la musique assourdissante. ***'Écoute, j'ai vu ce que t'as fait au soulon tantôt pis j'aime ça. J'aurais un p'tit 50 $ à t'offrir si tu pouvais tabasser le gars qui fait d'l'oeil à ma blonde depuis l'début d'la soirée. J'peux compter sur toi l'jeune ?'*** Non !!! ***'… ou encore mieux, vu que j'suis prof ici j'ai accès au toit, j'pourrais t'ouvrir la porte d'en haut et tu l'garroches dans l'stationnement ? Qu'est-ce t'aimes mieux faire pour y donner une bonne leçon ?'***. M'en aller vivre en forêt seul, sans sociopathes comme toi… mais je lui ai poliment et calmement répondu dans la négative avec une histoire de dossier judiciaire que je ne pouvais me permettre d'épaissir. Wow. Incroyable. Un professeur, 50 $ pour une vie !

Pendant la saison morte entre le football et les études, je mets mes *big boy pants* et vais remplir des applications dans de vraies agences de sécurité. Un peu serré financièrement, je n'ai plus vraiment le choix.

Sûrement grâce à mon gabarit, à l'histoire du spectacle au Cégep et à mon grand talent d'acteur (*fake it 'til you make it!*), je suis engagé immédiatement. Un pas de géant pour un peureux ex-victime de *bullies*. Rapidement, je suis promu des 'uniformes' au rang des 'services spéciaux', qui englobent les escortes de *VIP*, les conflits de travail et les spectacles. Un emploi beaucoup plus payant, dangereux et divertissant que des rondes de poinçons, la nuit, dans une bâtisse vide. Le travail en chemise bleu ciel, cravate industrielle et souliers au *look* orthopédique n'a donc pas duré longtemps, mais j'ai eu énormément de plaisir pour ces quelques semaines.

Mon premier et seul contrat en uniforme - que les gars des *services spéciaux* appelaient les *p'tits-bonhommes* - fut à l'édifice de *Télé-Métropole* (maintenant *Vidéotron / TVA*) où j'ai eu de folles nuits de cascades de *buggy* électrique dans les stationnements sous-terrains. Mes anciens patrons l'apprennent d'ailleurs en lisant ceci! Les planchers de béton étaient toujours très poussiéreux et donc parfaits pour des manoeuvres de fous en *carts de golf* puissants. En bloquant les quatre roues du véhicule, on glissait sur une distance de 2-3 mètres; en ajoutant un coup de volant, je faisais des 180 degrés facilement. Disons que j'ai accidentellement bossé ou égratigné plusieurs automobiles de la direction du poste de télé. Oups!

Après seulement deux jours d'observation du travail de mes superviseurs qui ne vérifiaient rien et faisaient toujours le minimum, j'ai arrêté de faire mes rondes de poinçons. Ça m'a donné l'occasion de me concentrer uniquement à l'exploration des studios de tournage, des locaux des costumes, des bureaux des grands patrons, des ateliers de décors, des frigidaires de cols blancs remplis de lunchs merveilleux, et de la voute des cassettes *VHS*. J'étais comme un enfant dans un magasin de jouets. Plusieurs administrateurs et secrétaires ont dû se demander où était passé leur lunch de la veille. Désolé les amis, et merci pour les restants de mets chinois, le boeuf bourguignon maison et les *pizzas-pochettes* congelées vieilles de plusieurs mois.

Stupidement, j'ai partagé le fait que je ne faisais pas mes rondes de poinçons avec une connaissance que je croyais être un bon ami au travail, qui a vite fait d'aller le dire à mes patrons. Étant déjà courtisé par la branche des *services spéciaux* de la même entreprise, je suis donc passé du jour au lendemain, de *p'tit-bonhomme* à colosse de service. Ça signifiait faire partie d'un groupe élite où j'étais désiré lors de formation d'équipes. Sur tous les contrats de *services spéciaux* sur lesquels j'ai travaillé, que ce soit les grèves de *Bell Canada*, du *Journal de Montréal* ou de *Loto-Québec*, pour ne nommer que celles-là, les clients me choisissaient toujours dans les premiers. Même chose pour les spectacles de Marjo, des *Scorpions* ou d'*Offenbach*. Je me sentais apprécié. J'ai commencé à prendre goût à être en demande très rapidement, et c'est devenu une drogue merveilleuse pour une *pute-à-trophées*. Le côté négatif de ce travail - et de ce groupe - est que la plupart des autres colosses étaient des 'hommes' dans tout le sens du terme... pas de finesse.

Chars, poupounes, hockey, *Photo Police*, *Allo Police*, *Hebdo Police*... on ne jasait définitivement pas des avancements de la science ou de cinéma européen.

Je me sentais donc seul malgré ma place de choix dans le groupe. Ce travail n'était qu'une étape en route vers mes rêves, alors que c'était un choix de vie pour mes compagnons plus âgés.

En 1984, je commence à traficoter dans les effets spéciaux de maquillage 'FX' comme passe-temps lors des longues nuits de surveillance et de filature sur les contrats de sécurité. Le magazine américain *Fangoria* avec la créature de *'Rawhead Rex'* en couverture avait attiré mon attention dans un dépanneur. Le film *'FX: Effet de choc'* mettant en vedette Brian Brown en maquilleur d'effets spéciaux aux prises avec des criminels complétera l'opération de charme pour le métier. Son personnage dans le scénario se sert de ses connaissances en maquillages et *gadgets* pour vaincre les *gros méchants*. Science et art versus *bullies*. Parfait scénario. Le mélange de technique et de création m'accroche sérieusement pour ne plus jamais me laisser. Les FX passeront de hobby à carrière en l'espace de quelques années seulement.

Mon coloc m'ayant annoncé qu'il allait continuer ses études à Alma, plus près de sa famille, je décide de ne pas le remplacer dans l'appartement mais plutôt de m'en trouver un à moi seul, plus petit.

Une de mes premières décisions d'abandonner une 'béquille' pour faire face à la vie d'adulte en ne comptant que sur moi. Je laisse le Cégep pour le marché du travail à temps plein, puis je déménage sur la rue King George, dans un petit semi-sous-sol 1½ très confortable.

J'aimais l'argent et j'aimais dépenser l'argent. J'avais aussi la génétique d'un autodidacte, c'était donc inévitable que les études ennuyeuses prennent le champ. Ce déménagement me pousse à m'occuper plus de moi, de mon alimentation et de mon linge. Je me mets à un régime de poisson et salade. Le choc des rejets de Sandra et de Chantale y était sûrement aussi pour quelque chose. Je perdrai aisément trente-cinq livres, mais un de mes amis, au lieu de me féliciter quand il me voit après quelques semaines, me dit que ***'... mince t'as l'air gai Derek!'***. Que ferait-on sans amis pour nous dégonfler? J'avais des *flashbacks* de ma mère et de ses reproches sur des détails de propreté quand j'avais fait la vaisselle et tout le reste du ménage déjà. Je reprendrai rapidement les livres perdues.

Une fois bien installé, j'ouvre une micro entreprise, *B. T. Distribution enr.*, qui avait pour mandat de faire de l'import-export. Un publireportage américain m'avait inspiré à devenir un distributeur en gros, visant une retraite bien méritée à 30 ans. Le même but que mon père *workaholic* avait juste avant sa mort. Pas fort pour un fils qui ne voulait pas répéter le passé. C'est cet appartement qui a donc vu ma première boîte de marchandise d'Asie arriver.

Deux amis et moi, grands-gros-barbus (des *looks* vikings ou barbares), étions 'partenaires' dans *B. T. Distribution* malgré que j'en étais le fondateur et seul à y travailler. Finalement, j'avais deux nouvelles béquilles morales qui ne faisaient rien d'autre que justifier le nom *Barbarian Trio... B. T.*

Ma tentative de faire face à la vie sans béquilles n'aura pas duré longtemps. Cette aventure me fait réaliser que si je suis le capitaine d'une équipe que je forme moi-même, je suis automatiquement choisi. Je deviens un *leader*. Je crée un logo original représentant une tête de Viking avec un casque à cornes et une grosse barbe pour mettre en vedette sur les cartes d'affaires. Je me procure aussi un numéro d'importateur - que j'utilise toujours aujourd'hui - et je négocie deux ententes d'importation en exclusivité pour l'est du Canada, de gadgets qui m'inspiraient un potentiel de vente; l'un de Chine, l'autre de France. Celui venant d'Asie était un système de débouche-évier 'révolutionnaire', alors que celui venant d'Europe, plus intéressant en fait de ratio coût/profit, était un simple carnet de notes avec un petit veston de tuxedo 3D sur la couverture. Trop mignons!

Chaque item ne me coûtait que quelques cents, alors que je pouvais les vendre quelques dollars, en théorie. Aussi en théorie, je pensais en écouler des milliers, voir des millions. Finalement, je n'ai vendu que 3x débouches-évier, incluant 1x qui m'a été retourné avec une demande de remboursement plus ou moins polie et toute la boîte de carnets-tuxedo, en lot, à un marché aux puces. 500 carnets pour 25 $.

La retraite grâce à l'import-export était loin.

Je m' abonne aux magazines *Fangoria* (É.-U.) et *Cinefex* (France), et commence à jouer dans le faux sang et les blessures de latex plus sérieusement, en essayant de copier les créatures et plaies expliquées dans chaque nouveau numéro que je reçois par la poste. Les cadavres, les masques et les pots d'yeux s'empilent à mon entrepôt favori, la maison de ma mère. J'égorge ou vieillis tous mes amis pour perfectionner mes techniques encore rudimentaires. Les photos de mes créations commencent aussi à remplir mon premier portfolio.

Pendant cette première année d'expérimentation et d'apprentissage des maquillages d'effets spéciaux, entre mes contrats d'escortes de sécurité, je donne quelques entrevues pour des journaux locaux. Les images qui sont prises pour illustrer les articles immortalisent la véranda et le sous-sol de ma mère, redécorés d'items sanglants. Avant les *'Face-Off'* et les *extras* à la fin des DVD, il semblerait que les gens s'intéressaient déjà à ce domaine. C'est l'été de mes 20 ans.

C'est aussi l'été où je reçois ma première carte de crédit qui servira à payer beaucoup de pizza et de taxis dans les mois suivants. Toutes des dépenses stupides, mais elles me faisaient sentir comme un gagnant. Une *MasterCard* avec 2000 $ de marge de crédit. 2000 $!! Je n'étais pas encore conscient du concept des taux d'intérêts usuriers ou du fait que les 'paiements minimums' ne baissent pas du tout le capital, ne couvrant que les intérêts.

Un cours de finances de base à l'école m'aurait été plus utile que le latin ou la philosophie!

Une grande semaine pour un homme d'affaires débutant et aussi une bonne occasion pour impressionner ma mère, enfin. Ça me semblait un parfait moment pour aller à la pêche de la reconnaissance parentale et par la même occasion de l'affection maternelle. Je planifie une sortie mère-fils à la rôtisserie *'Au Coq'*, de la rue Sainte-Catherine. Je voulais absolument utiliser ma toute nouvelle *MasterCard* toute dorée, en sa présence. Du poulet *BBQ* et c'était fiston qui payait. Un plan infaillible. Toujours positif face aux futures ventes de mes deux premiers gadgets, je lui annonçais aussi, avec un exemplaire du magazine en main, la parution de ma première réclame du débouche-évier dans les revues québécoises. Je n'avais pas reçu la première commande de Chine au moment de la parution de la publicité dans *Échos-Vedettes*, mais j'étais confiant.

Traumatisé par le rejet de l'aquarium de carton, j'étais convaincu que ma mère serait enfin impressionnée de voir son p'tit garçon devenu un homme d'affaires 'riche'. Et j'ai eu raison en partie. Elle m'a mentionné quelques fois pendant le repas que j'avais de la génétique de mon paternel - l'entrepreneur et *workaholic* notoire - mais pas de félicitations. Ce qu'elle a dit sur mon père me semblait d'ailleurs plus un défaut qu'une qualité ; c'est ce qui l'a tué après tout… trop de travail… trop de stress. Absent pour sa famille.

Mon plan infaillible déraillait. Elle a glissé pendant le souper un commentaire que je n'oublierai jamais : ***'J'ai bien hâte que tu sois assez à l'aise financièrement pour t'occuper de moi'***. Allo la pression ! Adieu la fierté de l'accompli !

Récemment, je lui ai reparlé de ce souper et elle n'en a aucun souvenir. Pas tout à fait ce que j'espérais... en 1985 ou en 2015.

Même si mon coeur n'était plus aux études, autre que les FX (encore autodidacte), je veux quand même continuer un semblant d'apprentissage académique, cerveau curieux oblige. Je m'inscris donc à des cours du soir à l'Université en administration / marketing. Cette formation va me servir plus tard quand je deviendrai le président-fondateur de mon entreprise de maquillages pour le cinéma et la télé qui paie toujours mon loyer et m'occupe quotidiennement au moment d'écrire ces lignes. Un rêve devenu réalité !

L'autre matière que j'étudie comme cours complémentaire, avec beaucoup d'intérêt, est la psychologie ; littéralement *'Psychologie 101'*. Je crois que j'ai un désir viscéral de comprendre la dynamique des *bullies* et de leurs victimes. Me comprendre aussi. Comprendre comment la tête de ma mère fonctionne.

Depuis quelques décennies, l'autodidacte en moi tentait de trouver la clé de la psyché humaine. Je n'y suis jamais arrivé, mais j'y travaille toujours !

En 1986, les patrons de l'agence me choisissent comme un des membres responsables de la sécurité lors d'un spectacle rock en plein air. Je serais un des cinq colosses à patrouiller le devant de la scène pour éviter un débordement de fans trop motivés ou souls. Ou pire, les deux. Je crois que mes péripéties lors d'une prestation de *'Taboo Combo'* au défunt *Métropolis* la semaine d'avant s'étaient rendues jusqu'à leurs oreilles.

Nous avions désamorcé quelques situations épineuses et surtout arrêté une pénétration en bonne et due forme en plein milieu du plancher de danse. Le couple motivé, dont la femme portait une longue jupe vaporeuse parfaite pour dissimuler l'action, avait décidé de se 'connaître' bibliquement en public pendant une des chansons. Inoubliable! Je devrais écrire un livre!

Donc pour revenir au spectacle rock, l'évènement est une prestation du groupe *Offenbach* dans la région de Saint-Jean-sur-Richelieu. Le promoteur attend plus de 5000 personnes incluant plusieurs motards criminalisés.

Lors du test de son de l'après-midi, alors que le public n'a pas encore accès au terrain, quelques membres du groupe décident de prendre une pause dans leur roulotte. Ils invitent les gardes de sécurité à partager leur alcool et leurs joints. ***'Let's GO les boys, vous êtes les bienvenus!'*** Mes collègues sautent sur l'occasion et rejoignent les musiciens alors que je reste assis sur la scène, seul. Songeur. J'ai une vague d'émotion négative que je sens littéralement commencer dans mes pieds et monter jusqu'à mon visage qui devient chaud... puis j'ai un étourdissement. Une de mes premières *panic attack* physique, très intense. Après m'être ressaisi, mes yeux deviennent pleins d'eau.

Une panique qui me renvoyait à mes jours d'école primaire où j'étais le dernier choisi. Cette fois-ci par contre, j'avais été choisi, mais ne me sentais pas faire partie du groupe de toute façon. Dure réalisation. Plus besoin de me faire isoler par les autres, je faisais maintenant le travail d'isolement moi-même.

**Encore aujourd'hui, je n'ai pas vraiment d'amis.
Pas de gangs. Sûrement par ma faute. C'est pénible
d'être seul avec la personne qu'on aime le moins...**

Le travail de sécurité est mon principal gagne-pain pendant les quelques années de perfectionnement de ma future carrière FX.

Mon plus long contrat de *services spéciaux* fut sans aucun doute le conflit chez *Loto-Québec* de 1987. Le plus long, mais aussi le moins risqué. Seize semaines au 16ème étage de la maison-mère sur la rue Sherbrooke. Sept jours sur sept de 18:00 à 6:00… un horaire de fou qui donnera tout un coup de main à mes finances personnelles.

Encore mieux, je suis seul la nuit. Aucune surveillance, aucune interaction avec des étrangers, aucun faux sourire à faire. Un paradis pour un introverti qui aime lire, explorer les frigidaires administratifs, gribouiller dans un journal intime ou écouter *CHOM* en rêvant au futur. Les lunchs des secrétaires disparaissent encore et quelques clients de l'hôtel adjacent ayant laissé les rideaux de leurs chambres ouverts m'ont donné des spectacles pornos gratuits, bien malgré eux. Quand j'avais un petit manque d'énergie, je me couchais dans un garde-robe dans le bureau le plus éloigné des ascenseurs, juste en cas d'une visite d'un superviseur.

Après ces 4 mois d'argent facile, mes prochains contrats seront beaucoup moins longs, mais beaucoup plus dangereux. Trop à mon goût…

Superstar de la télé communautaire, c'est pour la vie

Après quelques années à pratiquer des chansons rock à temps perdu, notre petit *garage band* maintenant devenu *'Rock'n'Roll Special Edition'* décide de se louer un gymnase et imprimer des billets pour notre propre spectacle. Un *One Night Only* qui passerait à l'histoire (dans notre tête), produit par nous-mêmes. Bob Seger, *Led Zeppelin* et *Santana* résonneraient bientôt à l'école Paul-de-Maricourt grâce aux instruments de *'R.S.E.'*.

Je n'étais pas un super musicien, n'ayant touché qu'à un saxophone durant deux années, dans le cadre des cours réguliers et des fameux *Midis-musique* des secondaires 4 et 5. Mais un de mes amis, lui, était un génie musical. Il m'avait donc fait quelques arrangements de solos de saxophone (*'Brown Sugar'* des *Rolling Stones*, entre autres) qui me permettaient d'être un peu la vedette lors de ces chansons, malgré mon talent limité. Le reste du temps, je faisais… les percussions. Donc rien d'important. J'étais quand même très excité de pouvoir monter sur une scène devant un public partisan.

Évidemment, qui dit spectacle *rock* dit linge *cool*. Les gars savaient déjà ce qu'ils allaient porter sur scène ; leurs visions allaient dans toutes les directions et tous les styles, mais ce serait définitivement un divertissement pour les spectateurs. Moi, je n' avais aucune idée de ce qui pourrait possiblement bien me faire paraître. Pas de vision encore.

Une connaissance s'occuperait du petit *snack-bar*. Un cousin du guitariste nous louait son système de son semi-pro pour quelques dollars. L'équipement d'éclairage provenait de l'oncle du batteur, gratuitement. Tout le travail d'imprimerie venait d'un commanditaire.

Nous avions tout planifié et arrangé. Tout avançait bien.

À cause de ce spectacle, je découvre mon style vestimentaire grâce à un étranger ; une façon de m'habiller qui me suit encore aujourd'hui.

Étant assez nerveux pour le spectacle, j'étais venu voir les lieux plus de 24 heures d'avance. Ça me calmait. À mon arrivée dans la grande salle vide et écho, il y avait un homme d'une trentaine d'années qui s'occupait de préparer le gymnase pour nous, visiblement un représentant de la municipalité. Il s'affairait à vérifier les installations électriques, faire le décompte des tables et des chaises, etc. Je l'ai observé un bon bout de temps, un peu en retrait pour ne pas être remarqué. Rien de spécial, sauf son linge. Je trouvais que ça lui faisait bien… 'bûcheron chic' ('sheeeck' prononcé à l'anglaise) était le nom que j'ai donné à son style. Jeans, chemise de gros coton avec les longues manches roulées mi-bras, des souliers de course, une boucle de ceinture très voyante (une tête de tigre argentée) et un étui de cuir avec un couteau sur la hanche.

Wow! Tout un *look*. En plus, le gars avait mon gabarit, un peu joueur de ligne ou lutteur. Bien mis. Pas usé, mais pas trop neuf. Prêt à toute éventualité. Comfortable. Homme d'action. Propre. J'ai pris une photo mentale cet après-midi-là, qui est toujours dans ma banque de souvenirs. Ma référence quand je dois avoir l'air d'un gagnant.

Quand je regarde la vidéo *VHS* du spectacle aujourd'hui, je trouve que j'ai l'air de savoir ce que je fais, comme quoi je suis effectivement un imposteur rusé. Heureusement, les autres musiciens savaient ce qu'ils faisaient et notre spectacle fut un succès.

Le gars au style bûcheron-chic n'en a aucune idée, mais il a fait le travail de mon père dans la catégorie habillement. Merci inconnu, je te dois une fière chandelle.

En bonus, c'est lors de ce seul et unique spectacle de *'Rock'n'Roll Special Edition'* que j'ai rencontré Marie, une femme extraordinairement enjouée et humaine. Une fille de Trois-Pistoles qui visitait son cousin à Longueuil qui s'était retrouvée dans le gymnase presque par accident. Elle m'est tombée dans l'oeil instantanément. Ma longue période de célibat semi-volontaire commençait à peser lourd et la personnalité positive et maternelle de Marie était exactement ce que je pensais avoir besoin en tant qu'enfant triste au corps d'adulte. Ça n'a pas été facile, mais j'ai réussi à la convaincre que j'étais l'homme pour elle.

Après des fréquentations de quelques mois, elle décide de transporter sa vie à Longueuil. Nous emménageons dans un petit appartement et moins d'un an après, nous nous marions dans notre village natal commun. Quelque chose de simple et intime, mais magique.

Maintenant marié, avec un loyer à payer et une entreprise à faire décoller j'accepte de travailler sur deux contrats de sécurité chez *Ciments Lafrenière* puis chez *Eastrock*, pour quelques semaines. Parmi toutes les péripéties émotives que j'ai vécues sur ces contrats, une m'a particulièrement marqué. La mort d'un employé en présence de son paternel. Le jeune homme travaillait sur un énorme broyeur de roches installé tout au fond de la carrière. Il serait accidentellement tombé dans les engrenages, tout simplement. Tragiquement. Son père, qui travaillait aussi pour cette entreprise, l'a entendu crier à l'aide et a fait arrêter la machinerie… trop tard.

En tant que patrouilleur de l'équipe de sécurité, je devais guider l'ambulance et les services de police de la guérite principale jusqu'au fin fond de la carrière où l'accident s'était produit. La vue du père éploré m'a renversé pour des semaines. Tout ce qui se rapporte aux drames familiaux me fait l'effet de m'arracher des ongles un à un, avec des pinces. Je repense trop souvent à cette journée.

Pas encore tout à fait désensibilisé aux horreurs de la fragilité du corps humain par mon travail avec les faux cadavres et les prothèses de fractures ouvertes, je me considère chanceux de ne pas avoir vu l'état du fils.

Il y avait des décès malheureux un peu partout finalement. Une horrible réalité pour un jeune homme de 22 ans avec une vue émotionnelle sur le monde équivalente à un enfant de 8 ans.

Après les contrats *Lafrenière* et *Eastrock*, un ami d'un ami de mon frère qui connaissait mon hobby, m'a approché avec une intrigante proposition. ***'On expose aux téléspectateurs comment fonctionnent les trucages au cinéma, tout en les divertissant. Ça va être cool Derek, pis t'es drôle avec tes explications quand t'as un public!! Une vraie pute de lentilles'***.

J'accepte sans trop savoir dans quoi je m'embarque, surtout parce que je dois me rendre à l'évidence: je ne suis pas heureux sans but précis. Sans défis à relever, la vie est 'poche'. La relaxation n'est pas ma grande force et mon cerveau n'a pas d'interrupteur ON / OFF.

On rencontre le directeur de la programmation par un après-midi de l'été 1980. Un grand bonhomme très plaisant et relaxe, prêt à nous ouvrir toutes les portes nécessaires pour faire une bonne série. Je lui en dois toute une! En plus des contrats de sécurité intermittents, je travaille donc à faire aboutir ce projet de télé communautaire, gratuit-bénévole-*cheap*, mais valorisant. Étape 1 du cheminement entre un simple passe-temps et une passion qui pourrait éventuellement payer les factures. Marie embarque elle aussi à fond. Merveilleux.

Les gens de *Vidéotron* nous prêtent tout ce dont on a besoin. Les caméras *Beta* professionnelles, la salle de montage, les studios de Saint-Hubert, les techniciens nécessaires à l'enregistrement de l'émission *en direct*. Tout.

Un défi colossal et du travail constant qui me fait toucher à toutes les facettes de la production télé. Écriture, caméra, montage, animation, réalisation, en plus de fabriquer et appliquer tous les maquillages avec ma bonne amie et assistante, Nancy. On tourne une première série de dix épisodes chacun couvrant des sujets différents. Entre autres, les *'égorgements'*, les *'sosies au cinéma'*, les *'vieillissements réalistes'*, les *'trucages avec miniatures et matte paintings'*, et, le plus populaire à ce jour si je me fis au courrier du moment et des commentaires plus récents, le *'spécial fluides corporels'*. J'y donnais mes recettes de sang, sueur, pus et vomi à la manière *'Exorciste'*. Une suite d'erreurs, mauvais calculs et débordements - fous rires en direct en plus - fera de cet épisode *vomi*, un classique de la télé communautaire.

En fin de compte, grâce à l'infatigable Marie et à une gang d'amis motivés et passionnés, on tourne tout l'été pour une diffusion à l'automne. *'Special FX: la série'* prendra les ondes d'assaut sur la Rive-Sud de Montréal comme prévu, en septembre. Ma face serait vue sur le seul et unique *CANAL 9*.

En plus d'être reprise par les canaux de Montréal et de l'Estrie, notre petite série télé sera en rediffusion constante, plusieurs fois par semaine, pendant des années. Très bon pour remonter mon ego.

L'INCOM-PRÉHENSIBLE *COCKTAIL* SUCCÈS-SUICIDE

Étant donné l'énorme succès de *'Special FX'* durant l'hiver de 1988, on s'y remet à l'été 1989 avec *'Special FX II: comment c'est fait?'*, une toute nouvelle série de dix épisodes toujours à être diffusée sur la télé communautaire. Je suis l'une des 'vedettes' de ce petit canal, l'autre étant un spécimen rare qui produit et anime lui aussi son émission *'Ésotérisme Expérimental'*, Richard Glenn. Comme moi, des décennies plus tard, il est encore dans le même domaine aujourd'hui. Il faut croire que nous avions tous deux de fortes passions pour nos sujets respectifs : les effets spéciaux de maquillage et l'ésotérisme / fantômes / *Ovnis*. Sur notre plateau, on l'appelait *'Monsieur Moustache'* et on comparait toujours nos cotes d'écoute aux siennes. Il était une sorte d'inspiration en fait de popularité-due-à-un-petit-*show*-indépendant.

Je n'avais pas de paie pour faire cette série, mais j'ai découvert deux façons de rentabiliser les efforts investis : les commandites et la visibilité commerciale. Les commanditaires, surtout lors de la deuxième saison, nous permettent de détruire une douzaine d'automobiles avec des cascadeurs invités, d'avoir quelques entrevues avec des professionnels et de nous procurer du matériel important pour nos réalisations. Entre autres bienfaiteurs : *Omer DeSerres*, *Gaz Métropolitain* et *Pharmacies Jean-Coutu*. Merci encore les *boys* !

La direction du poste de télé nous apportait toute l'assistance technique, oui. Les commanditaires nous permettaient des folies extraordinaires, sûrement. Mais en plus, nous avions des passe-droits incroyables avec les autorités municipales. Heureusement.

Kevin, notre pyrotechnicien diplômé, avait eu l'opportunité de faire exploser un camion de chips *Frito-Lay* en plein milieu d'un terrain vague de Saint-Lambert. Je me souviens très bien de l'image de Marie, qui l'assistait pour les grosses explosions, accroupie dans la boîte du camion renversé sur le côté en train de passer des sacs de plastique remplis d'essence à Kevin… qui avait une cigarette allumée pendouillant de ses lèvres. Les bons vieux jours d'insouciance!

Yan, notre superviseur cascades de naissance, avait réussi à faire fermer la sortie pour l'autoroute 116 à partir du Boulevard Taschereau pour l'espace de trois longues heures pour renverser deux automobiles qui étaient théoriquement engagées dans une poursuite à haute vitesse.

En plus, Yan et une de ses assistantes ont plané du haut du quai de Boucherville jusque dans le fleuve Saint-Laurent avec leurs véhicules respectifs, leurs costumes de plongeurs dissimulés sous leurs habits civils. Les bonbonnes d'oxygène rivetées sous les bancs.

Pour toutes ces folies et bien plus encore, les services d'urgences municipaux étaient présents le sourire aux lèvres. Policiers, ambulanciers et pompiers, vous avez été incroyables!

La fenêtre de la diffusion sur le câble - un peu le principe du *YouTube* d'aujourd'hui en ce qui concerne la *self promotion* - nous rend aussi visibles aux producteurs de cinéma, nos futurs clients. Des appels d'auditeurs aux petits studios de télé se transforment en contrats avec des vedettes du moment, entre autres Mario Pelchat, Gilles Latulippe, Janette Bertrand et Roy Dupuis.

Les gens commencent à me reconnaître dans la rue et vouloir me serrer la main. Les commentaires sont à 99 % positifs… très positifs.

Les téléspectateurs mentionnent le contenu intéressant, vu la nouveauté du métier, ainsi que les rires garantis, inévitables sans scripts et sans censure. Une école incroyable pour ma future carrière. Des étrangers sur la rue m'en parlent encore aujourd'hui!

'Hey, le gars du câble! J't'écoutais toujours quand j'étais p'tit.'

'C'tait cool ton show. Fais-tu encore des FX?… ma fille travaille au théâtre à cause de toi.'

'T'avais pas un show à la télé communautaire y'a longtemps? C'tait bon en crisse!'

Dernièrement, on m'a même mentionné un drôle, mais intéressant:

'Y devraient faire une série style 'Duck Dynasty' ou 'American Chopper' avec votre gang. Ça s'rait écoeurant! Une patente genre 'Canadian FX shop'!'

Pas sûr. Ça enlève toute crédibilité professionnelle aux yeux des producteurs, mais ça te rend populaire avec les 'civiles'. Finalement, j'ai refusé. Flatteur quand même…

Cet hiver-là, j'ai entre autres du travail sur la grève la plus intense jusque-là pour moi, *Métro-Richelieu.* Tout un contraste, après avoir travaillé sur des conflits plus tranquilles comme ceux d'*Hydro-Québec* et de *Ski Mont-Tremblant.* Les premiers jours commencent comme d'habitude, avec de la surveillance de maison en équipes de deux, des hauts placés de l'entreprise (mes employeurs, les 'gros méchants' selon les grévistes). Mais après quelques jours à lire des magazines d'effets spéciaux ou à dormir à tour de rôle dans l'automobile, ça s'est corsé. Un appel sur la radio nous annonce qu'un nombre grandissant de piqueteurs manifestent devant l'entrepôt principal de l'entreprise alors que plusieurs camions-remorques arriveront bientôt, chargés au maximum. On doit s'y rendre pour éviter des bris ou accidents fâcheux.

Avec la présence de quelques véhicules de la police de Montréal et plus d'une douzaine d'agents spéciaux, le convoi de remorques entre sans anicroche sur le terrain clôturé. Aussitôt en sécurité à l'intérieur, un des camionneurs découvre un problème mécanique et doit faire remplacer son alternateur pendant la nuit. Sa remorque est remplie de fromages de toutes sortes, et doit repartir aux petites heures du matin sans faute, pour distribution rapide. Un plan est mis de l'avant pour récupérer la pièce manquante.

Les piqueteurs campant toute la nuit devant la guérite principale du grand terrain, nous avons dû inventer un nouveau sport : le *lancer-de-l'alternateur-par-dessus-la-clôture-barbelée.*

Le plan était simple et s'est réalisé sans anicroche. L'automobile du 'livreur' s'était stationnée dans la rue sur le côté de l'édifice d'où un 'lanceur' désigné est sorti en courant avec la boîte contenant le nouvel alternateur. En même temps, un des mécaniciens bondissait de la porte de garage où était le camion, lui aussi à pleine vitesse. Les deux se sont rencontrés au point choisi, une borne d'incendie où il y avait très peu de lumière et seulement trois ou quatre manifestants distraits. La boîte est passée d'un à l'autre en vol plané de 2 mètres de hauteur, évitant les barbelés de justesse. Un plan bien rodé.

Pendant la réparation à son véhicule, le chauffeur avise mon patron qu'il n'est pas question qu'il ressorte de l'entrepôt le lendemain matin sans un *bodyguard* attitré assis avec lui dans la cabine. Puis, dans le même souffle, il me pointe du doigt. ***'C'est lui que je veux!'*** J'étais surpris et flatté. Le camionneur m'a aussitôt suggéré d'aller me reposer sur son chargement de plus de 1 tonne de fromages divers ***'... pour être en forme, si jamais quelque chose de grave arrive!'***. Encourageant.

J'ai donc pu dormir quelques heures dans l'énorme boîte du camion sur un lit de fromage *P'tit Québec*. Une grosse meule de *parmigiana Romano* me servant d'oreiller. Courbatures assurées. Aux petites heures du matin, j'étais à mon poste pour faire la tournée d'une dizaine de supermarchés, fier comme un paon. Stressant ? Oui. Extraordinaire pour mon ego d'être l'élu ? Oh que oui !!

Le départ *en douce* escompté ne s'est pas produit. Aussitôt que la guérite a été ouverte et que le camion s'est mis en direction de l'autoroute Métropolitaine, tous les grévistes se sont lancés à notre poursuite. Nous avions un de nos véhicules à l'avant pour nous ouvrir le chemin, alors qu'il y en avait une demi-douzaine à l'arrière qui essayait de nous rattraper. Disons que nous avons omis de stopper à quelques arrêts et feux rouges !

Une vraie scène de film.

J'avais peur, mais, encore à ma grande surprise, j'étais excité comme un enfant !! Possiblement dangereux, mais *cool.*

Une fois arrivés sur l'autoroute, où l'heure de pointe matinale s'installait déjà, quelques véhicules de nos poursuivants ont réussi à venir se placer devant nous, entre notre escorte et le pare-choc du camion.

Puis quelques bras sont sortis par les fenêtres des automobiles et se sont mis à nous lancer des boules de Noël modifiées, remplies de peinture à l'huile de toutes sortes de couleurs. D'autres laissaient tomber de drôles de petites *patentes* brillantes sur l'asphalte. Tout ça à pleine vitesse. En fait, comme dans tout bon film de poursuites, les gars essayaient de crever nos pneus avec des 'clous-à-4-pattes' - les *patentes* brillantes - sur le Métropolitain. Nous avions 18 roues sur notre véhicule donc on pouvait continuer d'avancer avec quelques pneus en moins sans trop de problèmes. Par contre, les innocents automobilistes qui s'en allaient travailler n'avaient que quatre roues ; tout un bordel. Impuissants témoins de notre poursuite, ils se sont rapidement immobilisés un peu partout avec des crevaisons multiples. Certains plus malchanceux allaient avoir le duo *crevaison-peinture à l'huile* à gérer avec leurs assurances. Les plaintes à la police ne se sont pas fait attendre, aussitôt que les victimes arrivaient au travail. Disons qu'après la visite d'enquêteurs au bureau du syndicat il n'y a plus eu de poursuites, de boules de peinture ou de *clous à 4-pattes* pour la suite. Les grévistes cascadeurs devraient marcher sur des oeufs pour le restant du conflit.

Pour la première fois de ma vie, j'avais donc joué à la contrebande d'alternateur, j'avais dormi avec 1 tonne de fromage comme lit, je m'étais fait attaquer avec des boules de Noël artisanales, et, fait crever des pneus à pleine vitesse sur une route publique… dans la même période de 8 heures. La première et dernière fois, heureusement.

C'est un rendez-vous au salon de coiffure qui me montrera le chemin de ma future carrière grâce à un populaire *chanteur de pomme* des années '60.

Tony Roman !

Puisque les coiffeuses sont ni plus ni moins des psychologues pour leurs clients Christiane était au courant que j'avais des rêves de plateaux de tournage américains malgré mes longues heures de travail de sécurité. Elle me coupait les cheveux toutes les trois semaines depuis plus d'un an et on s'entendait bien. Ça faisait quelques fois qu'elle me demandait de voir mon portfolio dans lequel se trouvaient déjà d'innombrables photos de maquillages tests sur des amis et membres de ma famille. Vieillissements, égorgements, zombies, brûlures !

Trop content de recevoir de possibles *tapes-dans-l'dos,* je me décide finalement à le lui montrer entre deux rendez-vous de coupes. Le salon était rempli de clients, mais Christiane prenait son heure de lunch et j'ai donc pu m'asseoir avec elle en retrait. À ma grande joie, elle était ébahie par mon travail. Un homme d'une cinquantaine d'années, tout petit avec de longs cheveux d'ados et un manteau de cuir beaucoup trop grand pour lui, s'approche de nous et m'adresse la parole comme si nous étions de vieux amis. ***'Hey kid, j't'écoute parler de cadavres et zombies depuis tantôt… j'peux-tu voir ce que tu fais?'*** Je lui passe le portfolio qu'il survole rapidement, sans commentaires.

'J'suis Tony Roman. T'es trop jeune pour me connaître mais j'tais chanteur avant. Asteure je réalise des films. Ça t'tentes-tu de venir travailler sur 'Bloody Madonna'?'

Oui !!!

Mon premier vrai contrat de maquillages FX. Mon destin se traçait.

Nancy, mon amie et assistante sur les tournages de l'émission de télé, se suicide cet été-là. J'avais compris qu'elle adorait le maquillage quand elle m'avait donné un coup de main à transformer une danseuse *topless* en zombie. Elle aurait aimé poursuivre dans ce domaine beaucoup plus qu'elle me l'avait laissé croire. Ses angoisses profondes de ne *pas devenir folle* auront eu le dessus sur la logique.

La seule fois où j'ai pleuré si intensément sans aucune retenue en 50 ans de vie fut quand j'ai appris sa mort.

Deux décennies de peines et rejets sont sorties de moi en larmes, sueurs et gémissements pendant plus d'une heure d'introspection et de souvenirs.

Comme pour ma vie jusque-là, je sentais que j'aurais pu faire quelque chose pour aider quelqu'un qui souffrait. La prendre sous mon aile FX et former une équipe du tonnerre avec elle... Il était maintenant trop tard. Dure réalisation. C'était le premier décès si près de moi depuis celui de mon père, mais ce coup-ci j'en étais conscient.

Ma réaction extrême était aussi une confirmation que c'était probablement mieux de perdre un parent à 4 ans, quand on est inconscient de la vraie vie. Une autre dure réalisation.

DEVENIR PÈRE ÇA N'AIDE PAS UN STRESSÉ HYPOCON-DRIAQUE

La décennie juste avant la panique du fameux *'Y2K'* où tous les appareils électroniques étaient supposés cesser de marcher, les avions allaient tomber du ciel et la terre imploserait (!!!!), me verra passer mon temps entre des projets de maquillages FX de plus en plus intéressants ainsi que des contrats de sécurité divers. Mais le plus gros changement sera de devenir père d'un petit garçon. Félix.

La plus grande responsabilité imaginable : un autre humain, ton enfant. La deuxième : faire mieux que tes prédécesseurs.

Évènement merveilleux, sans aucun doute, qui me soutirera des larmes de joie lors de la naissance, mais qui mettra aussi une loupe sur mes récurrents problèmes personnels d'adaptation sociale, et la pression de réussir où mon propre père avait échoué lamentablement. C'est dur de faire pire que de disparaître, mais j'avais du pain sur la planche. Heureusement, Marie était une *supporter* inébranlable avant et après nos noces ou même l'accouchement. Elle me soutenait dans tous mes projets autant mentalement que financièrement. Elle m'a relevé émotivement chaque fois que j'étais par terre, et a mis toutes ses économies dans le départ de mon entreprise. Je lui dois une fière chandelle et comme dirait ma mère ***'… elle a gagné son ciel 100 fois !'***.

Un jour Félix va lire ce livre. C'est un avide lecteur et un curieux de nature. J'aurais aimé pouvoir rayer au crayon noir, un peu dans le style des documents secrets de la *CIA*, certains passages plus intenses que d'autres, mais ce ne sera pas possible.

Je suis le père que tu as, avec les bons et les mauvais côtés ! Souviens-toi que sur chaque contrat de sécurité ou plateau de tournage je pensais à toi, excité de revenir à la maison pour te prendre dans mes bras !

On m'avait fait des propositions pour travailler en dehors de la province ou même du pays et j'avais toujours refusé à cause de Félix. Mais un besoin d'argent toujours grandissant m'a fait plier. Alors que je travaille sur un petit contrat de surveillance et filature tout tranquille à Rougemont, on m'offre ce qui sera ma dernière grève: une scierie dans le coin de Baie-Comeau où ***'... les grévistes font des siennes.'***. Sans entrer dans les détails, disons simplement que les manifestants mécontents de ce contrat étaient très, très motivés. Un long trajet de plus de 9 heures d'autobus m'attendait, juste assez de temps pour vivre le mélange excitation / peur à fond.

Le premier évènement marquant à mon arrivée à Baie-Comeau pour m'installer dans la chambre du *Motel Ginette*, entièrement loué pour nous pour la durée du conflit, est assez cocasse, mais me confirme déjà que je suis un *outsider*. Ce n'est pas là que je me ferai des amis. Arrivés quelques jours avant moi, Danny et son *partenaire* de beuveries Brick, se font livrer des caisses de '24' directement. Du camion au plancher de leur chambre en ligne droite. Les caisses de *vides* à gauche du lit de Danny, les caisses de *pleines* à droite du lit de Brick. Oui monsieur! Des gars organisés qui savaient ce qu'ils voulaient. Quand le livreur de *Molson* venait porter une commande au *Bar L'Oasis* dans le sous-sol du motel, il faisait un détour par la chambre #21. Il sortait sa planche à rouleaux et faisait le déchargement d'une quinzaine de caisses après avoir ramassé les ***'...corps morts'*** comme disaient les gars. La situation et l'organisation en disaient long sur leur niveau de professionnalisme lors de leurs quarts de travail à la scierie. Ma réaction à cet arrangement en disait long sur moi. Un sentiment d'être inadéquat puisque je ne buvais pas (donc pas un 'vrai' homme) et d'être 'amateur', n'étant pas là pour faire la fête.

Au comptoir du motel où je reçois mes clés la dame m'informe que la chambre #111 est un *sex-shop* improvisé ***'... quand même assez bien équipé'*** et que ***'... les distributrices à condoms dans chacune de nos chambres n'acceptent pas les 5 ou 10 cents, seulement les 25. Bienvenue à Baie-Comeau, Monsieur Vauquelin.'*** J'apprends aussi que les jeudis soirs au *Bar L'Oasis* sont réservés pour le 'lancer du nain'. Vraiment! Le lancer du nain! Je n'avais jamais vu ça avant et je ne l'ai jamais revu depuis, mais il semblerait que c'était populaire dans ce coin de pays dans les années '80. Un harnais avec poignées dans le dos, un gros matelas, des petites personnes motivées à se faire 1000 $ par soir *cash*, et des gars souls qui veulent dépenser leur argent en mesurant leur niveau de machisme.

Les samedis étaient pour les compétitions de *wet t-shirts*, évidemment. Classique. Un énorme panneau de promotion annonçait en lumières étincelantes ces deux activités de choix. Je n'y ai jamais pris part pendant mon séjour là-bas, mais les autres gars ne tarissaient pas d'éloges sur le haut niveau de divertissement des 'spectacles' à *L'Oasis*.

Après quelques jours seulement on reçoit l'information que les grévistes les plus intenses préparent un cadeau de bienvenue pour notre guérite de surveillance, une fois la nuit tombée. Intrigant. Stressant. Nos patrons doublent les agents en prévision d'une possible surprise manigancée par un groupuscule de syndiqués créatifs.

Comme prévu, le *grand coup* arrive sous forme d'une grue roulant en direction de notre guérite, à très basse vitesse. Un de nos gars prend le risque de courir à côté, grimpe dans l'habitacle vide après un bond entre les grosses roues et retire la roche de sur l'accélérateur. Vingt mètres de plus et la petite bâtisse devenait une galette. Plus tard dans la nuit, une fois les émotions revenues à un niveau plus routinier, nous avons entendu des tirs de carabines et des rires de soulons provenant de la forêt, pendant une dizaine de minutes.

J'ai avisé mon superviseur que je revenais à Montréal le lendemain matin, quittant les services d'escortes et surveillance pour toujours. Juste avant de m'en aller de la scierie, pendant que je donnais des poignées de main à mes compagnons de travail moins *frileux* que moi, plus 'hommes'. J'ai eu la chance d'assister à une autre scène digne d'être dans un film. En remontrance pour l'attaque à la grue de la veille, le gars qui avait évité la démolition de la guérite décide de montrer que l'intimidation ne marcherait pas, jetant ainsi de l'huile sur le feu… un feu qui n'avait vraiment pas besoin de plus de combustible. Il s'est avancé jusqu'à une ligne virtuelle qui était censée séparer les manifestants et la scierie, déterminée par la police durant la nuit, et s'est mis à se frapper dans les couilles avec un poing fermé tout en branlant son chèque de paie de plus de 3000 $ dans les airs. Avec le rire d'un maniaque de film d'horreur et les lunettes en fond de bouteilles. ***'Regardez l'argent que vous nous faites faire bande de caves!!'*** criait-il. Des deux côtés de la ligne virtuelle, les mâchoires étaient au plancher. De toute beauté! J'étais bien content de quitter ce monde de fous.

Adieu aux *services spéciaux* de sécurité… bonjour effets spéciaux à temps plein!

Quoi de mieux pour un hypocondriaque qui a peur de la mort que l'année juste avant l'âge qu'avait son père lors de sa propre mort? Quoi de mieux? N'importe quoi!!

Le stress est à son comble et tous mes p'tits bobos
'… sont sûrement des cancers en développements
ou une crise cardiaque imminente.'.

Triste et Comique! Mais combien réel. Intérieurement, j'étais convaincu mourir à temps plein. Une des pires années de ma vie de malade imaginaire, où chaque matin devient une séance de motivation et renforcement positif pour espérer sortir de la maison, faux sourire aux lèvres.

Dans une drôle de tournure d'évènements - 'drôle' dans le sens *WTF!* - Félix est né dans cette même période. Un genre de 'cercle de la vie' naissance-mort qui me fait encore réfléchir et questionner aujourd'hui. Si je croyais en un Dieu, ou quelque chose de connexe, je poserais la question, mais je ne crois en rien d'autre que le concret.

Pas de question, pas de réponse.

Aussi, ce serait sûrement une excellente façon de me déresponsabiliser, mais ça ne passe pas. Sans aucun doute très rassurant pour l'enfant peureux qui vit à l'intérieur d'accorder foi à un père divin ou à une mort 'positive' qui m'emmènerait tout droit dans un paradis idyllique. Une éternité sans souffrance à jaser avec Einstein ou, en fonction des croyances, avec 72 vierges.

Mais non. Je dois donc continuer à gérer mes problèmes moi-même, sur terre. *Heaven can wait*!

Le jour de l'anniversaire de la mort de mon père ainsi que la journée de mon propre anniversaire de 31 ans sont de gros obstacles à conquérir, mais grâce à beaucoup d'autothérapie, de la simple présence de Félix et du support de sa mère, je passe au travers. Bien malgré lui, mon petit bébé en couches ne parlant pas encore, est toute une motivation.

Je survis. Je suis père et je débute une carrière excitante. Maintenant quoi ?

TOUS LES VRAIS HÉROS FONT DU KARATÉ.

Comme si j'avais besoin de plus de preuves d'être seul dans mon coin, un grand nombre de gens de mon entourage s'attendaient sérieusement à une apocalypse aux proportions bibliques à la venue du nouveau millénaire ***'... parce que les grosses compagnies ne sont pas prêtes à gérer le changement du '1' en '2' sur tous les ordis.'*** *WTF? WTF! WTF.* Suis-je si différent de *tout-l'monde*? Quelques-uns avaient stocké des caisses de canettes de fèves au lard et des dizaines de 18 litres d'eau, au cas où. Encore aujourd'hui, je suis sans mots devant ces réactions incompréhensibles. À leur défense, certains d'entre eux croient qu'un médaillon de Saint-Antoine va vraiment les aider à retrouver leurs clés d'automobile perdues ou que le fait de porter des bas de laine foncés en dormant 'chasse' la grippe. On ne parlera même pas des crampes dans la piscine après avoir mangé...

La peur de la fin du monde due au changement de millénaire arrive et passe, laissant derrière elle plein de *t-shirts*, casquettes et articles de journaux complètement débiles.

Comme je m'y attendais, rien du tout ne s'est produit le 31 décembre 1999 à 12:00. *'Y2K'* n'était qu'un titre accrocheur créant une peur collective et augmentant les chiffres de vente de patentes diverses. Rien n'a explosé, rien n'a cessé de marcher, les avions ne sont pas tombés. Pas de société 'à-la-*Mad-Max*' pour le nouveau millénaire.

La simple possibilité de travailler avec des créatures de mousse de latex sur un plateau de tournage américain est plus motivante que de manipuler avec certitude des éprouvettes en sarrau blanc, entre quatre murs.

Mon métier dans les FX n'était finalement qu'un aboutissement du croisement science-art. Les *kits Radio Shack* rencontrent l'amateur de films d'horreur des *'24-heures-du-10'* à *Télé-Métropole.*

Je suis maintenant maquilleur à temps plein et père à temps plein, extatique pour les deux tâches d'ailleurs. Malgré les défis quotidiens associés à être père et la pression de livrer la marchandise lors des tournages d'émissions télé, la vie est momentanément plus facile à vivre. Depuis l'histoire du vol plané du Grand Blond dans les cases jaunes, si quelque chose m'intimidait, je sautais dedans à pieds joints. C'est d'ailleurs la raison majeure qui me rend *fou* quand je vois de la passivité chez quelqu'un d'autre. Je refuse de laisser l'hésitation me voler une aventure, une victoire ou une rencontre fabuleuse possible. Je fais presque une obsession de prendre le taureau par les cornes quand il est face à moi, quitte à chercher la confrontation moi-même. Façon merveilleuse mais dangereuse de se prouver qu'on a une certaine valeur. Un des proverbes que ma mère m'a montré (elle n'a pas fait que de mauvaises choses) et qui me motive souvent :

'Se plaindre pour se plaindre ça sert à rien ; il faut se plaindre et agir !'

Donc je me plains puis j'agis !

À cette époque de ma vie, je gère quand même bien mon stress.

- mourir jeune,
- déranger les autres en prenant trop de place,
- décevoir mon fils.

Je dissimule ces peurs comme un champion. Mes *panic attacks* sont silencieuses et invisibles, mais faire semblant d'être un humain heureux et en contrôle est un travail à temps plein qui prend beaucoup d'énergie. Je gérais bien mes peurs et mon hypocondrie, mais il y a eu une exception à la règle. Une fois bien précise qui laissera une image gravée dans mes souvenirs jusque sur mon lit de mort.

Le sommeil m'était impossible à cause de palpitations et de sueurs froides qui duraient depuis quelques heures. Donc, en raison de ce qui me semblait être une crise cardiaque en devenir, je m'étais rendu à l'urgence de l'hôpital par mes propres moyens, en pleine nuit. Je ne voulais pas alarmer Félix alors âgé de 5 ans ou déranger sa mère qui dormait à poings fermés.

Aussitôt que j'ai eu décrit les symptômes à l'infirmière du triage qui prenait mon pouls, une panique contrôlée s'est mise en branle autour de moi. Dix minutes plus tard, je me suis retrouvé en jaquette trop petite, étendu sur un lit avec des tas de fils accrochés à autant de senseurs sur ma poitrine.

L'hypocondriaque était lui aussi en panique, mais pas contrôlée!

L'image gravée dans ma mémoire : dès le début des heures de visites, l'infatigable et optimiste Marie qui essayait de me rassurer du regard malgré des yeux humides et un sourire tremblotant. Elle tenait la frêle main d'un Félix effrayé par tous les fils et les tuyaux qui sortaient de son père impuissant. Les 'trous' sans poils qui avaient été rasés sur ma poitrine pour aider à l'adhésion des sondes semblaient hypnotiser mon p'tit gars.

Il avait peur de s'approcher de tout cet attirail. ***'Tu peux aller voir papa.'*** Il s'avança lentement et prit finalement ma main, tout en ne lâchant pas celle de sa mère. Nous sommes restés comme ça de longues minutes en silence puis Félix s'est mis à pleurer...

La façon la plus efficace que j'aie trouvée pour gérer mon cerveau suractif était encore de faire des listes, suite logique à tout compter ce que je voyais. J'en faisais déjà depuis longtemps. Les calepins et agendas étaient mes meilleurs amis, toujours remplis de buts et *choses à faire* que je rayais une fois accomplis. Et je recommençais le lendemain. Tout était plus facile quand je pouvais l'écrire, le faire et le rayer!

En fin de compte, j'étais un bon acteur qui portait des masques très convaincants. Un expert pour les fabriquer autant virtuellement pour moi-même que pour mon métier. Tout un parallèle. J'ai toujours été fasciné par la psychologie justement pour ces sortes de situations. Les liens, les raisons. Tout ce qui manquait pour compléter le portrait (déguisement?) que je m'étais fait du gars qui a réussi, pour être un héros aux yeux de son fils et de son épouse comme dans mes films fétiches de Clint Eastwood et Charles Bronson, était le karaté et la moto!

Dirty Harry Callahan et *Paul Kersey* étaient des écraseurs de *bullies* dans les scénarios. Des dieux à mes yeux d'athée. À l'âge de 40 ans, la décision de suivre des cours de karaté et d'aller chercher un permis de moto fut donc très significative.

Dans les étapes de bâtissage de mon estime - rebâtissage hebdomadaire - pouvoir me défendre adéquatement et avoir l'air *badass* sur une grosse moto noire et chromée en étaient deux très importantes. C'était une question de vie ou de mort; littéralement. À force de vouloir s'effacer et ne pas déranger, on disparaît.

Réussir à conquérir ces deux rêves était devenu une penture émotive indispensable pour mon cheminement.

Je pense que ça a été le début de la fin de mon premier mariage d'ailleurs, mais aussi le début du reste de ma vie. Triste coïncidence?

Malheureusement, les sports de combat et la conduite d'une moto sont deux activités enseignées habituellement aux garçons par leurs pères. Les mères sont plus les inhibitrices de violence et de la pratique de sports motorisés. Dans mon cas, ça rendait donc les choses plus complexes et demandait beaucoup plus de motivation et de désir. Je commençais à zéro. J'étais 30 ans en retard pour poursuivre ces deux passions mâles. Mais, je me plains et j'agis. Je m'inscris aux cours de moto et amorce la conquête d'une ceinture noire en arts martiaux. Action.

Quand mon fils a débuté la maternelle, j'ai eu une angoisse soudaine qu'il vive les mêmes choses que moi lors de mes années scolaires : les abus, l'isolation, l'intimidation, la peur de sortir de son lit le matin. J'ai tout de suite compris que c'était mon devoir de père de lui montrer la voie et de le protéger. Lui donner les outils pour se respecter et s'aimer. Il n'y avait aucune chance que les paroles ***'Ignore-les, ils sont jaloux.'*** sortent de ma bouche. Ironiquement, ce fut mon réflexe premier, comme quoi le fruit ne tombe pas loin de l'arbre. ***'Tiens-toi debout et montre-leur que tu mérites du respect!'*** était plus ma philosophie. En d'autres mots, ***'Cogne!'***. Je l'ai donc inscrit avec moi au dojo local malgré son jeune âge.

J'avais toujours le réflexe d'être un peu *père-poule*, voulant donner à mon fils ce que je n'avais pas eu. Par contre, le fait que j'en étais conscient m'a empêché de trop l'être... j'espère. Juste assez ? Je le saurai si Félix écrit ses mémoires lui aussi, dans 40 ans. Je crois qu'en fin de compte, même si ça n'a jamais été mentionné entre nous depuis, ça lui servira le restant de ses jours. Je lui souhaite de n'avoir jamais à utiliser les techniques elles-mêmes, mais bien la confiance que ça lui aura donnée, *au cas où...*

Un des problèmes du cours de moto était la grosseur des véhicules de formation fournis par l'école. Étant un ex-joueur de football de 280 livres, les motos étaient trop petites; trop petites pour que j'aie l'air *badass*, certainement. J'avais donc l'air comique.

L'image du clown dans un cirque qui pédale sur un tricycle au milieu de la piste me revenait toujours en tête pendant les heures d'apprentissage. Heureusement, j'ai décidé de me foutre de l'opinion des étrangers pour une rare fois, en affrontant le ridicule de cette situation temporaire. Un autre taureau défait.

L'étude du manuel technique pendant de longues heures m'a garanti une maîtrise du contenu. Côté pratique, je suis allé prendre les mesures exactes des tracés, pendant la nuit, sur le terrain protégé de la *SAAQ*, où se déroulaient les tests de passages de permis. Puis je n'ai eu qu'à reproduire les dessins au sol dans un terrain vague près de chez moi, avec une canette de peinture jaune. J'ai pratiqué des heures et des heures sur mon circuit privé.

J'ai réussi le cours assez facilement. Un naturel. J'ai acheté une superbe *Harley-Davidson 1300cc* toute noire. J'ai finalement eu l'air *badass*.

L'apprentissage du karaté a été moins *smooth* que celui de la moto et un parcours beaucoup plus long. Les problèmes étaient faciles et logiques à cerner, moins à régler :

1- on s'inscrit pour gagner de la confiance, mais il faut de la confiance pour s'inscrire. Dilemme non négligeable.
2- une fois membre, avec mon gabarit et ma force physique, j'avais toujours peur de faire mal à un autre étudiant-karatéka par accident. Je me limitais moi-même.

Mon hésitation initiale était donc ma faiblesse et j'ai reçu quelques coups bien placés. Mais quand je me fâchais, je voulais en faire trop. Une école de karaté n'est pas le meilleur endroit pour du *tout-ou-rien*.

C'est d'ailleurs à cause de ma peur de blesser quelqu'un d'autre - en m'autolimitant - que j'ai eu droit à ma quatrième commotion cérébrale. On me surnommera *Big Cat* dû à mes déplacements rapides, malgré ma corpulence. Un surnom qui faisait un grand bien à mon ego et qui me rappelait les histoires de jeunesse concernant mon père comme champion-joueur de badminton, malgré sa propre corpulence.

Au gala annuel à la fin de ma première année au dojo je reçois le titre d'élève par excellence ; absolument pas le meilleur, mais le plus impliqué, le plus motivé. Je suis donc en route pour ma ceinture noire... que je n'atteindrai jamais, mon parcours s'arrêtant à la bleue. Ma motivation et mes genoux ont cédé avant de pouvoir rayer *ceinture noire* de sur ma liste.

Durant ces cinq années de pratique du karaté, je me suis aussi inscrit aux stages de *cassage*, surtout motivé par ma grande colère intérieure. Une agressivité refoulée qui pouvait s'exprimer au travers des dalles de ciment quand elles éclataient en mille morceaux. Le fait de devoir faire sortir le *Hulk* intérieur sur demande, en plein contrôle et avec *full force*, m'a beaucoup appris à ressentir les émotions dans la vie quotidienne au lieu de les inhiber. Ça cadrait aussi à merveille avec l'image de mon père de ***'... défonceur de portes quand ça n'allait pas à son goût.'*** comme me disaient sans arrêt mes oncles et mes tantes.

Ses frères et soeurs avaient toujours les yeux pleins d'eau ou le sourire aux lèvres quand ils me parlaient de lui, probablement ne se rappelant que des bons moments, décès obligeant. Leur admiration et leurs souvenirs tous plus merveilleux les uns que les autres semblaient être une sorte de thérapie. Un genre de supercherie non volontaire pour moi. Le même syndrome s'est produit à la mort de l'ex-président Richard Nixon et de Whitney Houston, pour ne nommer que ceux-là. Les journaux six mois avant, et ceux six mois après leur enterrement, sont fascinants à décortiquer. Tout à coup, les défunts étaient blancs comme neige. Plus de père absent *workaholic*, plus de fraudes et mensonges de Nixon, plus de mentions de toxicomane finie au sujet de Whitney. Les humains sont quand même complexes.

En fin de compte, je suis très satisfait de mon cheminement en arts martiaux et je regarde souvent mes récompenses pour me confirmer mon évolution constante et les défis relevés. Je me donne des *tapes-dans-l'dos* moi-même de cette façon.

Les superhéros sont tous des maîtres en arts martiaux et pilotent des bolides fabuleux. La combinaison ceinture bleue / *Harley-Davidson* est un bon compromis pour un gars à la base, plus qu'ordinaire. Deux autres buts rayés de sur ma liste, quelques trophées additionnels à mettre sur les tablettes pour la *pute*.

Mais le plus beau trophée que quelqu'un puisse recevoir est l'amour de ses parents, qui manquait encore à ma collection.

Je leur ai toujours reproché leur égoïsme. Mon père, pour s'être perdu dans le travail et s'être littéralement laissé mourir sans penser aux répercussions à sa famille ; et ma mère, pour ne pas avoir été une protectrice / éducatrice. D'aucune façon, je ne voulais suivre leurs traces en abandonnant mon fils. Le suicide est égoïste. Heureusement, sans le savoir, Félix m'a donc gardé en vie. Je me suis senti important pour quelqu'un dans mes moments plus difficiles.

Aller en Europe pour faire des souris

Mon mariage à Marie était un peu 'mou'. Je n'ai pas de meilleur mot pour illustrer ma situation émotive face à ce manque mystérieux de bien-être en couple. Je me sens vraiment inutile en tant que mari, mais indispensable en tant que père. Je suis plus le colocataire que l'époux, simple suite logique à être marié à une *superwoman*. Ça me convainc d'accepter une offre pour aller tourner un long métrage pour la grosse chaîne *BBC* d'Angleterre. Tournage de trois mois qui se fera en Roumanie, question de décors et de coûts. C'était un pays fraîchement sorti du communisme et un endroit mystérieux pour moi. Comme tous les touristes, j'imaginais déjà serrer la main de *Dracula*!

Une décision qui allait changer le restant de ma vie. J'avais toujours refusé ces tournages en locations lointaines par le passé surtout pour rester près de Félix, mais mon conditionnement de jeunesse à m'effacer en situation émotive m'avait convaincu de plonger dans cette aventure particulière. Je pensais que ça arrangerait tous les problèmes de prendre du recul.

Pendant tout mon séjour à Bucarest, je serai surtout entouré de femmes avec qui je m'entends à merveille. Comme d'habitude, j'ai beaucoup de difficulté à connecter avec les hommes. Le fait que nous ayons un fossé culturel et de langue n'aidant pas avec ceux-ci. En plus, les Roumaines sont spéciales… Je crois sincèrement que c'est géoculturel. Là-bas, les femmes sont des femmes, les hommes sont des hommes, dans un sens sain à mon avis. Il n'y a pas d'homme 'rose' non plus, une invention nord-américaine. Ça m'aurait donné une grosse longueur d'avance sur les gars locaux, si j'avais voulu m'en servir. Mais j'étais en Roumanie pour tourner un long métrage et réfléchir à mon rôle de père et mari, pas pour impressionner les jolies demoiselles avec ma teinte de rose!

Mais, pour faire une histoire courte, j'ai expérimenté un vrai de vrai coup de foudre; bio, sans gluten, authentique, coup-de-foudre. *Love at first sight!*

Quand j'ai rencontré Eva dans les couloirs des vieux studios de tournage, le lendemain de mon arrivée à Bucarest, j'ai eu une peur instantanée. Après seulement quelques heures à visiter les décors de villes françaises du début du siècle et les salles de maquillage avec elle comme guide, j'avais des visions d'un possible futur qui ferait de moi un égoïste et un mauvais parent. Une peur de passer dans le camp des *méchants*. Voyant toujours tout en noir et blanc (lire les *bons* et les *méchants*, sans zones grises) ça me semblait absolument impossible de briser mon mariage ou décevoir mon fils en laissant sa mère. Ce n'était vraiment qu'un embryon de possibilités qui ne se produirait jamais, mais je prenais de l'avance d'anxiété puisque le contrat s'étendait sur plusieurs semaines. Au cas où. J'avais en plus accepté le voyage en Roumanie pour 'arranger' les choses dans mon couple présent. *Shit!* J'ai senti que cette histoire pourrait changer bien des choses dans ma vie, pas les 'arranger'. Et j'avais raison.

Je m'ennuyais énormément de mon p'tit Félix et de sa mère et je venais de découvrir un café internet obscur dans le sous-sol d'une pizzéria. Ils offraient sur leurs ordinateurs un nouveau programme permettant de parler aux proches d'outre-mer, gratuitement. *Skype*, en début de parcours. Ces sessions hebdomadaires m'ont soutiré des heures de larmes, autant de nostalgie que de réalisation de penser sérieusement à concrétiser ce plan diabolique de devenir un de *ces gars-là*. Un égoïste. Il faisait extrêmement chaud au sous-sol du café et les larmes se mélangeaient à ma sueur. C'était plus discret à chaque fois que je raccrochais.

Durant le tournage, j'ai passé chaque minute possible en compagnie d'Eva. La communication était naturelle et nos échanges d'us et coutumes respectifs étaient stimulants. Elle me parlait de son mariage chambranlant, je lui parlais du mien, mou. J'avais l'impression que nous étions faits pour aller ensemble, mais je n'ai jamais voulu l'accepter. Pendant les deux mois à Bucarest, et malgré toutes les merveilleuses journées de tournage, discussions et visites touristiques en sa compagnie, ma conscience m'a toujours refusé d'être un gars avec une maîtresse. Tromper quelqu'un c'était trop insidieux, surtout pour un *bon*. Le dernier soir en Roumanie, Eva et moi en sommes venus à la conclusion que notre histoire d'amour resterait virtuelle, puisque je ne voulais absolument pas décevoir ma famille.

Elle était inconsolable, mais résignée. Nous nous sommes promis que si la réincarnation existait on se retrouverait. Du vrai Roméo et Juliette.

Et j'ai dû partir.

Seize heures de voyage plus tard, lors des retrouvailles à l'aéroport de Montréal, Félix me sautait dans les bras en me donnant un toutou de peluche que j'ai encore. J'avisais sa mère en même temps que j'irais dormir à mon atelier à partir de maintenant. Que je ne reviendrais plus vivre à notre maison. Jamais. Seize heures de réflexion, larmes et justifications… ça change bien des choses. C'est le point final pour mon mariage et le début d'une nouvelle relation uniquement sur internet pour les douze prochains mois, où je me sens enfin utile et admiré par une femme. Sentiment exceptionnel que je n'avais plus eu depuis longtemps et qui me garderait en vie quand Félix vieillirait.

Félix est maintenant adulte, et je suis toujours avec ma princesse d'outre-mer.

DES CHATS,
ÇA JUGE PAS !

... LA FIN.

Les deux générations qui suivirent ma chatte Mitaine l'ésotérique, furent Punk, sa fille, et Puce, son petit fils. Je les ai mentionnés plus tôt dans mes mémoires, mais je voulais y revenir rapidement. Pourquoi Punk ? Lors de sa naissance elle était particulièrement 'bleue' et sans poils, avec le sang sur son minuscule corps ça lui donnait une teinte mauve qui me rappelait la couleur favorite des *punks* de ces années-là.

Puce est né mal-en-point, avec entre autres une grosse bosse couvrant le dessus de sa tête dégarnie. Cette masse molle a *explosé* en effusion de pus quand sa mère a essayé de le transporter en le mordant dans le cou. Punk voulait l'emmener loin de la portée puisqu'il se faisait piétiner et pousser. L'instinct maternel à l'oeuvre. Beau à voir. Nous étions convaincus qu'il ne survivrait pas étant vraiment plus petit et faible que les autres chats qui ne lui permettaient pas de téter. Mes amis suggéraient tous de le jeter dans la toilette. Évidemment, le sauveteur en moi y a vu une opportunité de faire une grande action. Pendant quelques semaines, je devais tremper mon doigt dans un bol de lait pour qu'il y ait une goutte qui pende au bout, puis la faire lécher par le petit chaton déformé et aveugle… et répéter pour une heure, tous les jours, en espérant qu'il s'en sorte.

Finalement, j'ai donné tout le reste de la portée de Punk, et gardé Puce, qui est devenu un superbe chat blond *angora*. Un rejet de *'L'île du Docteur Moreau'* transformé en papillon.

Comme Flip sans oreilles et sans queue, Puce me rappelait… moi. Pour les mêmes raisons.

Je m'ennuie de mes chats…

C'est tout !

....

ÉPILOGUE

Merci, Derek, de nous avoir laissé lire ton journal... je reprends la parole à partir d'ici !

Devenu un adulte accompli et mature, j'avais décidé d'essayer de développer une relation normale avec ma mère. Ça commencerait par un souper gastronomique chez moi et je serais le chef cuisinier.

À ma grande surprise, tout se déroule merveilleusement bien et après plusieurs heures de jasette sur le passé et le futur, le temps est venu de se séparer. Une soirée plaisante qui me semblait être un bon début. J'avais enfin l'accolade émotive et le 'je t'aime' sous-entendu de ma mère. Je pourrais passer à autre chose...

Je la reconduis dehors la laissant marcher vers sa voiture.

Après un seul petit pas, elle s'arrête sec en se retournant.

'... je ne devrais probablement pas dire ça, mais tu sais sûrement qui a toujours été mon enfant préféré ?' Suivi d'un clin d'oeil et d'un sourire inquisiteur.

Mon coeur s'est arrêté quelques secondes pour y laisser entrer le bonheur, puis mon propre sourire est apparu. ***'Mais oui ! Je m'en suis longtemps douté en supposant que tu n'étais pas douée pour le démontrer... '*** suivi de mon retour de clin d'oeil complice.

'Stéphane... ' dit-elle.

Un coup de pied au visage. Mon coeur n'a pas sauté un battement ce coup-ci, mais il est tombé dans mon estomac en même temps qu'une douleur est apparue derrière mes globes oculaires.

'Je savais que tu savais ! Tu es tellement sensible d'avoir senti que Stéphane a toujours pris plus de place dans mon coeur que les autres'.

Puis elle continua de marcher vers son automobile en ne me regardant plus, l'air satisfait d'avoir enfin délesté du poids émotionnel qu'elle traînait depuis des décennies.

Je n'ai rien dit et elle est repartie contente d'avoir enfin crevé un abcès, convaincue de ma 'maturité' et de ma compréhension de la situation. Je suis certain qu'elle n'a aucune idée de la portée de ses mots.

Je ne l'ai pas revue depuis.

ÉPILOGUE EXPLICATIF

(SURTOUT POUR LES POTENTIELS AVOCATS DE POURSUITES JUDICIAIRES !)

Ce livre est basé sur ma vie, oui. Basé, mais romancé, oui. Comme le mentionnait Stephen King dans son excellent *'On writing'*, on doit écrire sur ce que l'on sait. Plus facile, plus naturel, plus vrai. Gros bon sens. Par contre, mon livre entre sans aucun doute dans la catégorie fiction des libraires.

Une question que l'on m'a posée à maintes reprises depuis que j'ai commencé le travail d'écriture de *'Un Gros ça sourit toujours'* il y a plusieurs années, concerne le pourcentage de 'vrai' versus 'romance'. Évidemment.

'T'as vraiment fait ça?'

'Les assurances ont pas voulu payer!!'

'Elle a vraiment dit ça?'

'Y'é mort!!'

Etc.

Grosso modo, tous les intervenants vont se reconnaître, tous, ce qui donnerait un haut pourcentage au 'vrai'. Disons 93 % pour ceux qui aiment les chiffres. Mais ils vont se gratter la tête en réalisant les inversions ou les amalgames des différents personnages. J'adorerais voir leur réaction lors de la lecture!

Les bons, les mauvais, les abuseurs, les sauveteurs, les ex-blondes. Les noms et les villes sont tous changés, mais tu sais qui tu es, Sandra, Grand Blond ou Trois-Pistoles. Si on accepte le chiffre de 'vrai' à 93 % ça nous laisse 7 % de 'romance'. Ce 7 % est totalement réservé pour les évènements ou actions ou personnages du livre qui pourraient grandement me compliquer la vie dans le cas d'une poursuite en cour par une institution ou un particulier mécontent. Une marge de manoeuvre défensive!

93-7 sera donc ma position officielle devant le juge.

À PROPOS DE L'AUTEUR.

Âgé de cinquante ans, Erik Gosselin est propriétaire et artiste principal de l'entreprise ***Lifemaker Make-Up Effects inc.*** qu'il a fondé il y a plus de vingt ans.

Il a transformé avec son frère jumeau Karl, un *'trip d'été'* à produire et animer une populaire série à la *Télé-Communautaire* locale en une fructueuse carrière dans les effets spéciaux pour le cinéma.

Il est marié à la maquilleuse Edwina Voda depuis plusieurs années.

Dans son métier, il compte plusieurs nominations et victoires entre autres aux *'Gémeaux'*, *'Geminis'*, *'Hollywood Guild Awards'*, *'Prix Écrans Canadiens'* et *'Nocturna Madrid Film Festival'*.

Écrivain à temps partiel, un tiroir de son bureau contient déjà sept nouvelles constituant une future anthologie d'horreur, deux scénarios de films et plus de cinquante livrets de notes et anecdotes à développer ! Il poursuit aujourd'hui un autre rêve de jeunesse : publier son premier livre.

À VENIR :

Steve's Roadtrip (2018)

Cette aventure est un scénario de film déjà complété, en circulation dans quelques maisons de production. Il sera adapté en roman.

"Steve Woodman est un décrocheur scolaire de 20 ans qui a renoncé à joindre l'entreprise familiale de plomberie. Malgré l'insistance de son père, il décide de poursuivre son rêve de devenir écrivain en se rendant en Transylvanie en mission pour voir le château de *Dracula* dans le village de Bran, espérant y trouver de l'inspiration pour son premier *best-seller*. Mais l'Europe de l'Est a beaucoup de surprises qui vont tester la volonté de l'aventurier à survivre !"

Justice Aveugle (2018)

Une anthologie de meurtres et mystères contenant 13 nouvelles littéraires, écrite en collaboration avec son frère Karl… continuation de leurs années d'adolescents-écrivains amateurs.

Et l'Oscar revient au… furet mécanique ! (2019)

Une suite logique au premier livre qui fera passer le lecteur derrière les caméras. Il sera rempli d'anecdotes de plateaux de tournage surprenantes et juteuses. Vingt-cinq ans de carrière, ça donne un bon bassin d'histoires et de rencontres à dévoiler !

Pour être tenu au courant des dates de sortie de ces ouvrages ou des conférences de l'auteur, visitez le site **www.erikgosselin.rocks**
Vous pourrez y laisser votre adresse courriel
pour recevoir des mises à jour.

Mise en page : Francis Gosselin (francisgosselin.ca)
Design de la couverture : Erik Gosselin
Conseillère à l'édition : Edwina Voda
Imprimé aux États-Unis par Ingram-Spark

ISBN (version papier couverture souple) 978-1-7751465-0-6
ISBN (version papier couverture rigide) 978-1-7751465-1-3
ISBN (version virtuelle) 978-1-7751465-2-0

Publié par Lifemaker FX
5105 rue Viger
Saint-Hubert (Québec)
Canada J3Y 8Y9
(450-647-6466)

www.erikgosselin.rocks
www.lifemakerfx.com

www.ingramcontent.com/pod-product-compliance
Lightning Source LLC
Chambersburg PA
CBHW071359100726
47908CB00004B/1042

* 9 7 8 1 7 7 5 1 4 6 5 0 6 *